Wannabe
2011
AKA JAPAN

はじめに

初めましての人にも、そうじゃない人にも、自己紹介させていただきます。僕は森下直哉と申します！

まずは、この本を手に取っていただき、本当にありがとうございます。僕という存在を少しでも知りたいと思ってくださったことが本当にうれしいです。

KADOKAWAさんから本の話をいただいたときは、一般人の僕が有名人ごっこできて楽しそう！（笑）と思った反面、僕の生き方や考え方を伝えられる大変ありがたい機会だと思いました。

僕はよく「なんの仕事をしているか分からない」と言われます。

そう言ってもらえるように意図している部分もありますが、実際にはいろいろなことをやらせてもらっています。

飲食店経営をメインに、内装業、デザイン業、輸入業など。自分でもひと言では言い表せないくらいです。この本を作った今現在もさまざまな事業を計画しているので、来年や再来年には、また別の顔をお見せしているかもしれません。

でも軸はシンプルで、自分が好きだったり、楽しかったり、面白かったりすることを選択しているだけ。それも気心の知れた仲間と一緒に。「自分が最も自分らしくいられる状態ってなんだろう?」そう考えて僕なりに行き着いたのが、この軸です。


2023年6月。SNS上にアップされた僕のストリートスナップ動画が、大バズりしまして（自分で言うのもあれですが！）。X（旧Twitter）、インスタ、TikTokなどで拡散され、ありがたいことに累計5000万回以上も再生されました。

その際に多くの方からコメントをいただきました。「見た目いかついのに腰が低い」「怖そうだけど言葉遣いが丁寧」など、とにかく〝ギャップ〟に対する内容の多いこと。この〝ギャップ〟という言葉。普段何気なく使っている人が多いと思うんですけど、実は僕、日本で一番?と言えるくらい意識しています。

ギャップがもたらす人への印象の振り幅って本当にすごいからです。だから僕は、わざと最初はマイナスな印象を持ってもらうことすらあります。がっかりした方がいたら、ごめんなさい。僕、めちゃくちゃあざといです（笑）。

でも、仕事だったりプライベートだったり、そのおかげで得たものが本当に多くて。そのあたりもこの本で書かせてもらっています。

僕自身、元々はこんな考え方ではありませんでした。人目を気にして、自分に自信もなく（実は今もない）、こぢんまりと我慢して生きてきました。いつかかっこよくなりたい。そう思ってたくさんのかっこいい人と会って勉強しました。僕の言葉は、そんな人たちの考えを僕なりに解釈して、まとめたものでもあるかもしれません。

先に言います！

人生は自分の考え方でどうにでも変わります！

人に愛されたい。人に必要とされたい。

独立したい。誰よりもかっこよくなりたい。

ある程度の夢は、考え方ひとつで叶ってきました！


そういう僕は、今現在この「はじめに」の文章を、社員旅行で来ているアメリカのホテルで書いています（笑）。この環境や、今一緒にいるスタッフも、僕の考え方がきっかけで生まれたものだと信じています。

余談ですが、アメリカの社員旅行は僕の夢のひとつでした。


僕の本に使ってくれたあなたのお金や、読むために使ってくれているあなたの時間。

とても貴重なものをいただいていること、理解しています。

なので、僕の経験で得た考え方で、少しでもあなたに得をしてもらう。

もしくは、損をしない考え方の参考になればと思っています。なんか言い方がうさん臭いセミナーみたいですが（笑）。

こうやって話しだすと止まりません。

自分の存在価値として、僕を使って誰かに得してほしい気持ちが先走りすぎて、余計なお世話や失敗もたくさんしてきました！

これ読んで少し分かるでしょう（笑）？

自分でも分かっていますが、かなりくどいというか、しつこいというか。

人にどう思われてでも、僕で得してほしい！

僕のことは嫌いになっても、あなたは得してくださいい的な！

押し付けはすごいです（笑）。


長くなりましたが、この本には、自分らしくいられるための生き方や、ギャップとの付き合い方などを僕なりにまとめさせていただきました。

これがきっかけで、少しでもあなたの魅力の底上げに繋がってくれたら嬉しいです。


とにかく人生一度きり。

やりたいことを我慢しないで、一緒に人生を全力で楽しみましょう！

Contents

ライフスタイル編

ブックデザイン＝PANKEY inc.　写真＝ヤオタケシ　スタイリング＝大久佐龍平（American Wannabe）　ヘアメイク＝青木拓也（DELA by afloat）
撮影アシスタント＝加藤貴之　DTP＝G-clef　校正＝麦秋アートセンター　取材協力＝小田島瑠美子　編集＝伊藤甲介（KADOKAWA）
撮影協力＝American Wannabe［大阪府大阪市中央区西心斎橋2-13-2］、R cafe［滋賀県大津市北比良934-1］、HI STROKE［滋賀県大津市北比良105-5］、
THE HIDEAWAY FACTORY［滋賀県栗東市小柿3-9-27］、THE HIDEAWAY WARDROBE［滋賀県草津市大路1-11-22 3F］

ルーツ編

Roots

向こう側の世界

地元、滋賀で迎えた21歳の夏。真昼の灼熱の太陽の下、僕はコンビニの前でカップラーメンを食べていた。

高校時代、硬式テニスに熱中していた僕は、インターハイに出場した経歴を評価され、推薦で地元近くの大学に入学。だけど、1年次にはラケットすら握らせてくれない部活に嫌気が差して、半年もたたずに部活をやめた。打ち込むものがなくなったまま、なんとなく大学には毎日通い続けたけど、1年で2単位しか取れなかった。友達からはあり得ないと笑われた。この場所にいても意味がないと感じる日々。結局、1年で大学もやめてしまった。

19歳。このまま遊んでいるわけにもいかない。僕はおとんが勤める電気工事の会社に就職した。

入社後は、アメ車が好きだから、好きな車を買うためにお金を貯めるという目標を掲げて、毎日誰かの家に新しいエアコンを取り付けた。夜はカラオケ店でバイト、休みの日もテニスのコーチのバイトを掛け持ちして、寝る暇もないほど働いていた。2年ほどで600万円を貯め、念願の車を手にすることはできたけど、その感動も期限付きだった。その後は新たな目標も見つからないまま、惰性で働くだけの毎日を送っていた。会社員になってから2年半が経っていた。

夏はエアコン取付業者にとって繁忙期だ。この日も午前中に2軒の家を回って、昼飯を食べようとコンビニに寄ったところだった。

強い日差しがじりじりと僕の脳天を突き刺す。額から噴き出る汗を、首にかけたタオルでぬぐいながら麺をすする。隣には、日焼けした顔を赤らめながらカップラーメンと格闘する先輩たちの姿。

こんな生活がずっと続くのかな……。

汚くて暑苦しいおっちゃんたち。ほかの人から見たら、僕も先輩たちもひとくくりでそう思われているんだろう。だけど自分だけは違う。いつからか、そんな反抗心と現実の間で葛藤するようになっていた。

「あっちー」

「早く夏終わんねーかな」

「俺は夏好きだけどな」

先輩たちの会話をぼんやりと聞きながら、冷たい麦茶を飲もうと顔を上げた瞬間、ふと一軒の店が目に入った。

道路を挟んだ向こう側に、広いテラス席が印象的なおしゃれなカフェレストランがあった。ガラス張りで、ここからでも店内がよく見える。そこでは真っ白なシャツに黒いエプロンというこぎれいな装いの爽やかな兄ちゃんが、若い女性客2人と笑い合っていた。

その瞬間、僕の中に閃光が走った。

暑い中、こっちは地べたで熱いカップラーメンを食べているのに、あいつは涼しい場所で女の子と楽しく話している……。

自分を見つめた。汚れた手。汗臭い作業着。部活からも大学からも逃げてしまった。つるんでいるのはむさくるしいおっちゃんたち……。僕と同じくらいの年齢のあの兄ちゃんの世界と、自分が生きる世界との間には、道路より大きい隔たりがあるのを察した。

「モテるために俺はレストランのオーナーになる」

何かの漫画の主人公みたいなセリフだけど、僕が飲食業界を目指したのはそんな些細なことがきっかけだ。

どんな仕事だって必要だから存在するのは分かっている。決して電気工事の仕事が嫌いなわけではない。だけど、こうやって圧倒的な差を見せつけられると、もうこちら側でくすぶって生き続けることはできなかった。


男としてかっこよく生きたい。

僕は自分が見つけた夢の灯を、大きく燃やしていこうと決めた。

レストランを経営するには、まずその現場を知らなければならない。働くならとにかくおしゃれな店がいい。それなら地元よりも東京のほうがいいのではないか。この際、海外に出るのはどうだろう。アメリカにも行ってみたい。いや、でも、僕は英語を話せない。すぐに働くことができて、おしゃれな店がたくさんある場所――やっぱり東京だ。

その夜、決意を固めた僕は、東京にいる友達に連絡を取って、上京する手はずを整えた。翌週、僕は会社を辞めた。

上京

僕が上京したいという相談をしたのは、小学校・中学校の同級生で幼なじみの高橋メアリージュンだった。彼女は現在、モデル、女優として大活躍している。滋賀の山間部に暮らしていた僕たちは、「メア」「直哉」と呼び合う仲で、近所の友達と一緒に山の中を駆け回ってよく遊んでいた。

高校生のころから東京でモデルの活動をしていた彼女は、東京での生活や就職について相談する相手としては最適だった。

「東京ってどない?」

「ええ感じやで」

「そっか。じゃあ俺行きたいんよ。夢が見つかったわ。俺、レストランのオーナーになる」

「ああいいじゃん。来たらいいじゃん」

いつものノリで僕を歓迎してくれたメアは、「どこかいいレストランがないか、メアのつてで探してくれへん？」という図々しい僕のお願いを聞いてくれて、レストランではなかったが、一軒のカフェを紹介してくれた。

1990年代後半に再来したカフェブームに沸く日本で、スターバックスがおしゃれなカフェの代表格としてその名を響かせていたころ。表参道にあるというそのカフェも、僕はよく知らなかったが、東京ではかなり有名なお店らしい。メアはそこの社長と知り合いだったらしく、直接話を通してくれた。理想的な職場が確保できたことに安心し、僕は即座に上京を決めた。

上京後の僕は、ひとまず都会を満喫しようと、メアと彼女の友達の案内で都内を巡った。渋谷、原宿、恵比寿、表参道、六本木……緑が生い茂る山あいの町で生まれ育った僕にとっては、見るものすべてが新鮮で、驚きの連続だ。

渋谷駅ハチ公前の人だかりには、「どこかでお祭りをやってるのかな？」と面食らった。恵比寿の高級焼肉店では、肉を店員さんに焼いてもらって食べるという初めての経験をして胸が躍った。テレビでしか見たことのないスクランブル交差点や恵比寿ガーデンプレイスを歩いたときは、わざわざ地元の友達に電話をかけ、「俺、今スクランブル交差点歩いてんねん」「今、恵比寿の駅前にいるわ」と自慢した。電話の向こうから聞こえる少し上ずった「すげえ！」っていう言葉が誇らしく感じるほど、僕は田舎者だった。

既に東京になじんでいたメアのおかげで、僕は上京して早くも、東京の上澄みのいいところを知ることができた気がする。本当にありがたい。だけど、「こんな世界があるんだ！」とワクワクした一方で、「東京もこんなもんか……」という、すべてを察したような失望感を抱いたのも事実だった。

そうやって1週間ほど過ごした後、僕はメアに紹介してもらった表参道のカフェを訪れた。

聞いていた通り、外装も内装も清潔感があっておしゃれにまとまっていて、これこそ〝ザ東京〟〝ザ表参道〟。僕に稲妻を走らせたあの地元のカフェとは比べものにならないほどだった。こんなかっこいい店で働ける。そう思うと興奮が収まらなかった。

面接をしてくれたのは、社長本人だった。いかにも業界の社長という風情のその社長に履歴書を手渡し、僕は目を輝かせて「よろしくお願いします」と頭を下げた。だけど、返ってきたのは意外な言葉だった。


「きみ、うちがどんな店か知ってる？」

「知らないです」

「うちはね、スタッフを募集したら100人ぐらい応募が集まるんだ」

「そうなんですね」

「飲食店勤務の経験は？」

「ありません。電気工事の現場経験だけです。でもやる気はあります！」

「そうか……。うちに応募してくる人のほとんどが飲食店勤務経験者なのね。今回、メアリージュンさんの紹介でこういう場を設けたけど、うちとしては未経験のきみを採用するメリットがなくて……」

「……」

それでも最終的には採用されて、「いつから来れる?」という流れになるのかと信じていた。「面接は以上です。それでは」と告げられるまでは……。

紹介を受けたのだから、面接といえども形ばかりのもの。そう疑うことなく、働く気満々で来ていた僕の中には、激しい屈辱感とやり場のない怒りのようなものがぐるぐると渦巻いていた。

やる気はあるのに働けない。

誰にも負ける気がしないのに、勝負の場所にすら立たせてもらえない。

表参道からの帰り道、どこからか清水翔太の「HOME」が聞こえてきた。

「こんななんもない田舎で暮らしてもしゃーないわ。俺は表参道のカフェで働くぜ」

友達にそう豪語して地元を出てきた僕にあまりにもピッタリの歌詞で、笑いが止まらなかった。

理想と現実

表参道のカフェの面接に落ちてから数日は、モヤモヤが消えなかった。だけど、過ぎたことを引きずっても仕方ない。あの店にだって事情はあるし、そう簡単に未経験者が採用されるわけがない。もちろん紹介してくれたメアにだって責任はない。採用されなかったのは、ただ僕が力不足なだけ。

僕は過去を振り切ろうとあがきながら、それからしばらくの間、まったりと就職先を探す生活を送っていた。

1年前、日本にiPhoneが初上陸したものの、まだ世の中の主流はガラケーで、今ほど何かを容易に調べる手段はなかった。

僕はこれだ！と思う飲食店を探すべく、駅やコンビニに置いてある無料の情報誌を読みあさったが、ときめくような出合いはない（今考えると、おしゃれな有名店がそういった情報誌に求人を出しているケースは少なかったかもしれない)。

パソコンで「表参道　カフェ」と検索すると、一番上に面接で落ちたあの店が出てくる。画面に並ぶ数あるカフェの中で、悔しいけどあの店はダントツに輝いていた。ほかの店がかすんで見えるほどに。

自分の足を使って、渋谷や青山、恵比寿、新宿でも探したけれど、目ぼしい店は見つからない。一度〝最上〟を見てしまった僕は、もうあの店のような、有名で、人気で、おしゃれな店で働くイメージしか持てなかった。

飲食店なんて山ほどあるはずなのに、僕はどの店も選ぶことができなかった。それは、地元の友達の前で「表参道のカフェで働くぜ」と宣言してしまったことがどうしても引っかかっていたから。

このころ、僕は自分に自信が持てず、すごく人目を気にしていたと思う。もしも表参道のカフェで働いていなかったら、地元の友達は「あいつ、表参道のカフェで働くって言って出ていったのに、違うところで働いてるらしいぜ」ってあざ笑うかもしれない。地元をバカにして出ていったやつを妬んで、悪く言うやつはきっといる。そんな妄想が止まらなかった。

くそっ！

「表参道」という具体的な地名を出してしまった自分を呪いながら、僕は、自分が働くべき店を探すのに、もう少し時間をかけることに決めた。

とはいえ、田舎から出てきた20歳そこそこの男が、一日中働き口を探しているはずもない。なんとなく友達と遊んだりご飯に行ったりもする。まあ、当然だよね。

そんなある日、中目黒のレザーショップに入ったときのこと。

「サイとかワニとかサメとか珍しい革で財布を作れますよ。今ならマネークリップがはやっていますけどいかがですか」

定型の接客を受けた僕は、ノリでたいして欲しくもなかったサメ革のマネークリップを購入していた。価格は10万円だった。

マネークリップ……使わんって！

稼ぐのは大変なのに、使うのはこんなに一瞬なんや。

つまらん！

帰宅後、家のソファーに寝転んで、一度も使われることはないだろうマネークリップを見つめながら、僕は我に返った。東京に出てから1ヶ月あまりで、貯金は100万円ほど減っていた。

上京するにあたって車を売り、多少の貯金はあったので、当面働かなくても生活できるだけの余裕はある。だけど、東京でこんな暮らしを続けていたら、お金はあっという間になくなる。

車が欲しくてお金を貯めていたころを思い出した。昼夜、仕事を掛け持ちして、一心不乱に働きながら、出費はとことん切り詰めた。飲み物を外では絶対に買わず、家でお茶を作って現場に持っていくか、「俺、買ってきます！」と先輩にパシリを申し出て奢ってもらった。昼飯は家から持っていったおにぎりで済ませる。一日100円でさえ使いたくなかったし、実際使わなかった。当時付き合っていた彼女から「花束が欲しい」と言われたときは、野原で花を摘んで、新聞紙にくるんであげたこともある。「こんなんいらんわ！」ってその場で捨てられたけど（笑）。

かつてそんな節約生活をしていた田舎者の僕が、東京に来てからは600円、700円の好きでもないコーヒーを飲むようになっていた。それがかっこいいのだと、都会で暮らす自分に酔いしれていた。

自分の感覚が怖くなった僕は、すぐにでも働こうと思った。理想の店が見つかるまでの繋ぎとして、飲食業以外の職場で。

「おしゃれな飲食店」というジャンルに縛られないと、働き口はすぐに見つかった。それは上野にある電気工事の会社で、僕は地元で培った技術を買われ、社員として雇ってもらうことができた。

仕事内容は街灯の交換。高所作業車に乗り、道路や商店街の街灯を水銀灯からLEDへと交換する簡単な作業だった。数人で班を組み、一日50〜60本交換する。やればやるだけお金が入る歩合制だった。

僕は100近くある班の中で、一番を取ってやろうと決めた。目先の目標を得られた僕は、班のみんなを鼓舞してとにかく働いた。

街灯が密集している商店街は、本数が稼げるのでおいしい。でも、おいしい現場は社員の〝長〟のようなおっちゃんにいつも持っていかれた。僕らのところに回ってくるのは4、5本程度の小さな現場ばかり。そうなると何度か移動せざるを得ず、効率は良くなかった。それでも腐らずこなしながら、長のおっちゃんに商店街の現場を回してくれるよう交渉もした。毎日言い続けると、たまにはいい現場にも行かせてもらえるようになっていった。

僕は働くことが好きだ。遊ぶとお金が減っていくけど、仕事をするとお金が貯まる。目の前の作業に没頭している時間は一番安心する。スケジュールが全部埋まっていないと不安になる人の心理と近いかもしれない。仕事は最高の暇つぶしだ。

3ヶ月ほど経ち、僕たちの班は一番の成績をたたき出した。ひとつの目標を達成した僕にはもう、この場にとどまる意義も意欲も感じられなくなっていた。

それに、工事の現場で働いていることは、ずっと地元の友達には言えなかった。口先だけの男と思われたくなかったから。

「何してるんだろ、俺……」

コンビニの前でカップラーメンを食べていたころを思い出す。毎晩、とてつもない虚しさが、僕の心を占領していた。

スタートライン

上野の工事会社で働きはじめて3ヶ月が過ぎ、東京はすっかりクリスマス一色に染まっていた。どこか浮かれた人たちと忙しない人たちで、街はごった返していた。

ある夜、メアと友達の女の子たちと一緒に出掛けた帰り道、友達のうちの一人が、僕に希望を与えてくれることになる。


「直哉くん、東京に何しに来たん？」

「飲食店で働きたくて上京したけど、いい店ないから、今は現場やってんねん」

「えー！　じゃあ紹介したげるよ！　すっごいおしゃれな社長さんがやってるんだよ」

「表参道あたりで探してんだけど」

「ぴったり！　骨董通りだよ！」

はいはい……俺もさんざん探したわ……。少し疑いながらも彼女が教えてくれた店のHPを見ると、僕好みのかなりおしゃれな店の画像が目に入る。

どうして今まで見つからなかったのだろう。それは、僕が「カフェ」というキーワードで探していたからだ。面接で落とされたあのカフェよりレベルが上のカフェで働きたい。そんな思いから。

彼女が紹介してくれた店は表参道駅の近くにあるイタリアンレストランだった。どうりで調べてもその店が視界に入らなかったはずだ。僕はあのカフェにとらわれていたことと、自分のリサーチ能力の低さを笑った。ともかく、彼女はすぐにその店の社長と連絡を取ってくれて、面接にこぎつけることができた。


数日後、僕はレンガ造りの建物の前にいた。HPの写真で見た通り、とても雰囲気のある店だ。僕は2店舗目の面接にしてラストチャンスかもしれないと覚悟を決め、扉を開けた。

カラフルなタイルが敷き詰められた階段を下りると、広い店内が目に入った。100席以上あるだろうか。アンティークなテーブルとイスが並ぶフロアを、美しいシャンデリアが柔らかな灯りで照らしていた。

その店の社長（以降、A社長と呼ぶことにする）が現れると、僕は一目で彼に惚れてしまった。昔モデルだか俳優だかをやっていたというA社長は、男前なだけでなく、スタイリッシュで雰囲気があって、僕が憧れる東京のかっこいい男そのものだった。

こんな人になりたい。

どうしてもこの店で、この人のもとで働きたい。

しかし、A社長は開口一番「申し訳ないけど、今は人が足りている」と言った。前の店の面接で落とされたときの記憶がよみがえる。僕は必死だった。

「欠員が出るまで待ちます！　それまで皿洗いでもなんでもします！　給料はいらないので、ここで働かせてください！　僕にはここしかないんです！」

何度も頭を下げる僕に、A社長は「弱ったな」という苦笑いを向けた。

「……とりあえず一度……クリスマスの日だけでも、皿洗いで入ってみる？」

「はい！　ありがとうございます！」

僕の気迫勝ちだった。

このチャンスを逃してはならない。翌日、僕は電気工事の会社に辞表を出した。はじめから「飲食店の働き口が見つかるまで」という条件を伝えていたので、そこの社長は寂しそうな顔をしながらも、僕を送り出してくれた。多分引き止めても無駄だと分かっていたのだろう。

クリスマスの日、僕はA社長に「仕事を辞めてきました」と伝えた。最初は少し困ったようだったが、「そこまでのやる気で来てくれたことが嬉しい」と歓迎してくれた。

僕は皿洗いをしながら、他の従業員たちにもやる気をアピールして回った。

「僕は仕事を辞めて皿洗いに来てます。社長からはクリスマスだけで、それ以降はそんなに働けないって言われたけど僕、めっちゃきれいに皿洗えますよ！　絶対超使えますよ！」

それが功を奏したのかどうか分からないが、以降、僕は少しずつシフトに入らせてもらうことになる。週に2、3日、皿洗いとホール業務を担当した。自分の仕事が終わってからも、まわりに「何かありますか？」と聞いて、他の人の仕事を手伝った。

それを1ヶ月ほど続けると、ランチ担当の社員として正式に採用されることになった。そのころ、僕は埼玉の川口に住んでいたので、夜の営業終了時間までいると終電に間に合わなかった。ディナーの時間帯も働きたかった僕は、都内に引っ越した。そこからは、文字通り朝から晩まで働いた。

夢に向かってやっとスタートラインに立てたばかりのあのころ、僕はひたすら無我夢中だった。

居酒屋修業

僕が働き出して1年と少しが過ぎたころ、表参道のイタリアンレストランの閉店が決まり、僕はグループ店である渋谷の居酒屋に異動になった。その店は、あんなにこだわっていたおしゃれなレストランとはかけ離れた大衆居酒屋だったけど、一目惚れしたA社長についていくと決めた手前、素直に従った。一度は表参道で働いたんだから、地元の友達への体裁も保ったし、もういいでしょうって。

タワレコの隣のビルに入ったその居酒屋で、僕に与えられた業務は主にキャッチだった。店の前で通行人に「居酒屋いかがですか？」と声をかけて回る、いわゆる客引き（※）。

そのころ渋谷の街では、キャッチ同士で縄張りが決まっていた。タワレコの建物のほうに出てはいけない。駅前に行ってはいけない。客引き禁止の条例が発布される以前、怪しげな店の過剰な客引きが社会問題として取りざたされようとしていたあのころ、警察は僕ら普通の居酒屋の客引きにも注意の目を向けていた。さらに、ヤクザも自分たちの縄張りで客引きが行われないよう見回っていた時代だった。次第に僕らはインカムをつけるようになり、警察やヤクザの同行を知らせる上層部からの指令のもとで動いていた。

ある日、「今、ヤクザが出ているから1時間キャッチ禁止ね」という指示が下りてきた。もちろん、そんなときはうちの店だけではなく、近隣のライバル店のキャッチもいなくなる。僕はそんなときこそチャンスだと思った。「今ならお客さんを引き放題だ」と。張り切った僕は、ちょうど目の前を通ったサラリーマン風のスーツの男性に声をかけた。

「お兄さん、居酒屋どうですか？」

「おまえ、どこのやつ？」

（あれ？　この口調……もしかして……）

僕は一発目でヤクザを引き当ててしまった。どう見ても普通のサラリーマンだと思ったのに。引きが強すぎる。

※渋谷区の客引き防止条例が施行された2014年12月以前の話。

「いや、どこのとかないっす」

「もう分かってるでしょ」

「分かんないです」

「店どこ？」

「店とか働いてないです」

「いや、インカムつけてるでしょ」

「なんかねー……」

別の場所に連れていかれるとヤバイという噂を聞いていたので、全力でとぼけた。

それでも食って掛かるヤクザから逃げ切れないと思った僕は、とにかく店ではない場所に連れていこうとした。それがバレそうになると、「お腹が痛い」と嘘をついてトイレに入り、窓から逃げた。

そんな危ない橋を渡りながらも、僕は多くのお客さんを呼び込み、店に多大なる貢献をしたと自負している。


その後、副店長に昇格した僕は、店全体のことを考えるようになる。

営業中は、100席ほどある店内で、誰がどこで何をしているかを常時把握しなければならない。

忙しいときは「0分回転」で客を入れ替えた。混雑時、飲食店では滞在時間を2時間で区切るのはみんなも知っているだろう。「0分回転」とは、その2時間制、例えば7時から9時までならば、その間の片付けのインターバルを取らずに、9時ちょうどから別のお客さんを入れるということ。もちろん、前のお客さんが9時より前に帰ってくれればいいのだが、酔っ払っているお客さんがスムーズに帰るはずがない。何度も帰るよう声をかけるか、言っても聞かないお客さんがいた場合は、無理やり次のお客さんを通して、退店を促した。

はじめは苦労した采配も、慣れてくるとやりがいを感じるようになっていった。どのテーブルが何時に埋まって何時に空くか。待っているお客さんは何名か。スタッフは接客に対応できているか。どこかでトラブルが起こり、別のどこかではクレームが入る。週末ともなれば、怒濤のように入ってくるそれらの情報を瞬時に判断し、対応する。酔っ払いの男性客が大勢いる席から若い女性スタッフを遠ざけるなど、スタッフに気持ち良く働いてもらえるよう、配置にも気を配った。

営業終了後、スタッフをご飯に連れていったり、休みにはBBQをしたり。店全体を盛り上げるのも自分の仕事だと思って取り組んだ。

店長やキッチンのリーダーとメニューの開発もした。話題のメニューを出す店があると聞けば、キッチンスタッフとその店に行き、どんな調味料を使っているのか探ったり、同じような味を再現できるか調べたりした。

どうやって売り上げを伸ばすか。店長たちと一緒に考えるのは楽しかった。

だけど、いいサービスを提供できていたかといえば、決してそうではない。売り上げ至上主義の会社に少しずつ嫌気が差してきていたころ、A社長（飲食グループ企業の中のひとつの会社の社長だった。社長にもいろいろな種類があるのだと、僕はこのとき知った）がグループから独立するので、ついてきてほしいと誘われた。

頼まれなくてもついていく。僕はA社長に惚れているのだから。

店長の器

A社長は独立すると、中目黒にイタリアンレストラン、表参道にバーを開いた。僕は副店長として、中目黒の店に立ち上げから関わることになった。僕は25歳になっていた。

再びおしゃれな土地のおしゃれな店で働けることは、純粋に嬉しかった。だけど、僕はまたもキャッチの担当になった。店が中目黒駅近くの高層タワーに入っていたためだ。路面店なら、歩いている人が「こんなお店できたんだ」と見つけて入ってくれる可能性も高いけど、空中階はなかなか認知されない。土地勘のある人なら分かるだろうけど、中目黒でお酒や食事を楽しもうとする人たちはみんな、目黒川沿いを歩いていく。春には桜がきれいに咲くあの川沿いには、おしゃれな飲食店が立ち並んでいるから。

僕は会社帰りの人がごった返す中目黒駅近くで、今日一日の疲れを労う飲食店を探す人たちが、川沿いに向かって歩き出す前につかまえる必要があった。「居酒屋いかがですか?」から「イタリアンいかがですか?」へ。せっかくおしゃれな店なのに、騒がしく大衆的な渋谷の店でやっていたことと変わらないのは少し寂しかった。そして、「イタリアン」が客引きの言葉にそぐわなすぎることが少しおかしかった。

ただ、その先は渋谷の居酒屋とは違った。売り上げ重視でサービスは二の次だった渋谷の店とは異なり、ここは料理も接客も十分なサービスを提供できる場所だった。キャッチで呼んだお客さんが、ちゃんと喜んでくれて「ありがとう」と言ってくれる。また足を運んでくれる。それは初めての経験で、感謝されることがこんなに嬉しいのだと初めて知った。

そんななか、原宿に新しくイタリアンレストランがオープンし、僕は副店長としてその店に異動した。

その店は、立地条件がさらに悪い店だった。原宿駅の前から延びる竹下通りを歩く人たちは、明治通りにぶつかったところでその多くが右、すなわち青山や渋谷方面へと曲がっていってしまう。うちの店は左に曲がって、さらに100メートル以上も進んだ先にあった。おかげで竹下通りまでキャッチに行っても、なかなかお客さんを呼び込めない。これまで培った僕のキャッチのスキルを駆使しても、どれだけいいサービスを提供しようとも、店を満席にすることはできなかった。

原宿店はオープンしてから数ヶ月間、赤字が続いた。家賃や食材の仕入れ、光熱費、人件費などの経費の額に対して、売り上げは半分ほどしか立たなかった。低空飛行を打開する策も見つからないまま、A社長も、店長も、僕も、みんなイライラしていた。

実は、原宿店ができるとき、僕は店長になりたいとA社長に何度もアピールしていったのだが叶わなかった。そういう経緯もあるなかでの経営不振。会社に対して少しの不信感を抱いていた僕は、一番身近にいる上司である店長に反抗するようになっていった。

「店長だったら、もっとこういうことをするべきじゃないですか？」

「店長だったら、こういう準備をしておくべきじゃないですか？」

「そんなの店長失格じゃないですか？」

渋谷の居酒屋でともに働き、仲が良かったはずのその店長との関係は、瞬く間に険悪になっていった。今思うと、上から責められ、下からも突き上げられていた状況は、真面目な性格の店長にとって相当なストレスだったに違いない。やがて、店長は体を壊して店を去っていった。

彼が辞めたことに対し、自分もその要因のひとつだったかもしれないと責任を感じた。しかしその結果、念願だった店長に昇進した。僕はこの店のことをすべて自分が仕切れることに鼻息を荒くしていた。

メニューと価格を見直し、近隣のオフィスにランチのチラシを配り、試行錯誤する日々。しかし、何をしても売り上げは好転しなかった。

週に一度ある店長会議での売り上げ報告の時間は地獄だった。うちの店が飛びぬけて売り上げが悪い。A社長やエリアマネージャーから怒られることが増えていった。

売り上げが悪いのは、店が最悪の場所にあるせいだ。

すべてまわりのせい。

僕のせいじゃないのに、どうしてこんなに怒られなければならないのか。

半年ほどそんな腐った時期が続いた。たった半年。でも、当時の僕にとっては一日一日がとても長く、毎日がとてもつまらなかった。

ある日の営業中、いつものように閑散としたホールを眺めながら、僕はふと冷静になった。

本当にこのままでいいのか？

やさぐれていたって勝手にお客さんが増えることはない。突然店が竹下通りに引っ越すなんてこともない。環境のせいにして不平不満ばかり垂れ流していても、誰かが助けてくれるわけではない。

当然だ。

念願の店長になれたのに、自分が選んでもない〝お荷物〟をあてがわれているせいで〝ダメな店長〟というレッテルを貼られていることが不本意だった僕は、当たり前を受け入れる覚悟が欠如していたんだと思う。

もう一度、基本に戻って考え直してみよう。現状を打破する方法は必ずある。僕は腹をくくった。

新しく入ってきた副店長にも声をかけ、僕らはさまざまな飲食店のサービスを調べはじめた。場所に恵まれなくても成功している飲食店はある。そういう店の主な共通点は、そこでしか食べられない料理があるか、そこでしか受けられないサービスがあるか。それなら、どれだけお客さんを呼び込んでも、店の希少価値を上げなければリピート客が生まれない。どこにでもあるような飲食店のままではいけない。

そんななか、アメリカのシカゴにある一軒の店が僕の目に留まった。そこでは「テーブルアート」というサービスを提供していた。それは、テーブルを一枚の皿のように見立ててデコレーションしたデザートプレートのこと。シェフがお客さんの目の前で盛り付けてくれるというエンターテインメント性があり、テーブルに並べられたスイーツをカラフルなソースが彩る〝一皿〟は、まるでモダンな絵画のようだった。

写真で見るだけでもワクワクするのに、これを目の前で披露されたお客さんの感動はどれほどだろう。確かめるしかない。僕は副店長を連れてアメリカに渡った。

ミシガン湖に隣接するシカゴは、摩天楼と自然が調和する美しい街だった。劇場も多く、芸術や文化が身近なうえに、アメリカでも有数のグルメの街。

街の中心部、飲食店が多く並ぶストリート沿いにあったそのレストランは、現地でも有名なようで、僕たちが訪れたときも多くの客で賑わっていた。席に通された僕らは、すぐにこの店の人気の理由を知ることになる。

個性的な食器に、奇抜に盛り付けられた見たことのない料理の数々。謎の食材や器具を用いて、提供時に施されるさまざまな演出。ときに炎も舞い上がった。前菜からメインディッシュまで、すべてが目でも舌でも楽しめる料理だった。

ラストのデザートでは、テーブル上にシートが広げられる。食材が準備されると、僕の期待も最高潮になった。シェフはスプーンやはけのようなものを巧みに操り、大胆にソースを這わせていく。生クリームを搾り、キラキラとした粉状のものを振りかけていくと、テーブルという名のキャンバスは、またたく間に美しい〝アート〟に変わっていった。

エンタメとグルメの融合。初めて見る〝ショー〟に感激した僕は、これしかないと思った。僕たちはつたない英語で「この料理を日本に持ち帰ってもいいか？」と交渉してみた。シェフから「ＹＥＳ」という回答を得た瞬間の喜びは忘れられない。

帰国するとすぐに、僕は店の方向性を「誕生日専門店」へとシフトした。３６５日、絶対に誰かの誕生日はある。大切な誰かの誕生日を、特別なコース料理やテーブルアートでお祝いしたいと思うお客さんは必ずいるはずだ。それも都内で有数の若者が集まる街なら成立するはずだと。

ディナーは単品メニューを廃止し、コースのみ。原宿という土地柄もあるので、メインターゲットを20代に設定し、料金はできるだけリーズナブルにした。お客さんが席につくと、ウエイターが指を鳴らしてキャンドルに火が灯る。前菜にアイスのコーンを出してみたり、リゾットを目の前でフランベしてみたり、すべての料理にワクワクする仕掛けを用意した。そして、ラストのデザートであのテーブルアートを披露する。バースデーソングを流し、「お誕生日おめでとうございます」の声とともに中央のチョコレートを割ると、中からスイーツが出てくる仕掛けにした。

このコースはSNSで間違いなく映える。確信した僕は、SNSでの宣伝のほか、飲食店の情報サイトをはじめとしたメディアへのPR活動も積極的に行った。その波は少しずつ広がりを見せていき、とうとうテレビ番組で取り上げてもらうことができた。

一度話題になると、店の評判は右肩上がりだった。お客さんが上げてくれた動画を見て、別のお客さんがやってくる。そのループは延々と続いた。グルメサイトの評価も急上昇し、連日、ランチは行列をなし、ディナーは予約で満席になった。売り上げもかつての3倍、4倍になった。

自分のアイディアが売り上げを伸ばした。

このころ、僕はそんなふうに勘違いをしていたかもしれない。憧れていた店長になって、店を全部仕切ることができると思っていた。店の細かい方針変更も、A社長やエリアマネージャーに伝えると余計な口を挟まれると思い、独断でやった。スタッフにも厳しく指導することが増えていた。

すべてはお客さんにいいサービスを提供するため。売り上げを伸ばすため。その思いを胸に、僕はやるべきことをやって、予想以上の成果を出すことに成功した。まさに僕は、独裁者だった。

「一人じゃ何もできないよ」

辞めていった前の店長から常々聞かされていた言葉。その意味に気付き、前店長に謝る日が来るのは、もう少し先のこと。

腹の割り方

原宿店がまだ低迷していたころに、新しい料理長が入ってきた。僕より2歳年上で、物静かな男。僕とはタイプの違う人間だった。

彼が入ってからというもの、僕らは幾度となくぶつかった。

キッチンとホールのスタッフはどうしても対立しがちだ。料理に対してのお客さんからのクレームを受けるのがホールだからだろう。提供が遅いのは自分のせいではないと不本意に感じながらも、ホールのスタッフは丁重に頭を下げなければならない。

「早く料理出せ！」

「遅い！」

僕がたびたびキッチンに向かって怒鳴るのに対し、料理長は目すら合わせず、無視を貫いた。僕は、彼のことが心底嫌いになっていた。

経営が軌道に乗ってくると、僕はこのままではいけないと思うようになった。僕たちのやり取りは、スタッフ全員が目にしている。もしかしたらお客さんにまで届いているかもしれない。従業員の雰囲気は店全体の雰囲気に直結する。スタッフが働きやすい環境を作らなければ、せっかく軌道に乗ってきたこの店も、小さな亀裂から崩壊するかもしれない。

僕は、大嫌いだった彼を好きになってみようと決め、まずは彼を食事に誘ってみることにした。

「ご飯行こ」

「無理」

（くっそ……）

これまでの関係を思えば、一度や二度断られることは目に見えている。でも、僕は諦めずに毎日誘い続けた。いくら向こうに嫌われようと、僕は彼のことを〝好き〟なのだからと自分に言い聞かせて。

それを1ヶ月ほど続けたある日、根負けした彼が、営業終了後に時間を作ってくれることになった。

深夜、薄暗い居酒屋で、どこかよそよそしく向き合って座った僕たち。僕はこれまでキッチン業務に対して抱えていた疑問を正直に打ち明けた。できるだけ丁寧に。失礼のないように。

話してみると、すべての答えは僕が予想もしていないものだった。例えば、サラダは切って仕込んでおけば盛り付けるだけなのに、なぜ早く出せないのか。そう問いかける僕に、できるだけ新鮮な状態で提供するには、直前に切ったほうがいい食材もある。たとえ切って仕込んでおいたとしても、その日のうちにお客さんに出すことができないとロスになるのだと彼は教えてくれた。そんな単純なことも知らないの？ そう思う人もいるかもしれない。だけど、僕にはそれが分からなかった。

そもそも、僕はキッチンのことを何も知らなかった。

これまでずっとホール業務だった僕は、歴代の料理長と仲良くできていない。なぜなら、僕が彼らのことを信用していなかったから。僕らはホールでこんなに頑張っているのに、キッチンはちゃんとやるべきことをやっているのかと疑っていた。そんな状態では、キッチンの現場の実情を誰も僕に教えてくれるはずなどないし、誰も僕の言うことを聞いてくれるはずもない。

料理長は、僕よりもちゃんとお客さんのことを、店のことを考えてくれていたと気付いた。それなのに僕は「とにかく早く提供しなければ」という目先のことばかり考えて、彼に突っかかっていた。

「おまえの言う通りにやったら、失礼な料理を出すことになる」

自分の視野の狭さを知り、僕は打ちのめされた。


「もっと早く料理を出せないのか」

「もっとおいしい料理を出せないのか」

何も知らない僕の言葉を、彼らはどんな気持ちで聞いていたのだろう。料理人のプライドを逆なでする僕の一言を。僕はこれまでの非礼を詫びた。僕には人への敬意が欠けていたと。そして、お互いすべての膿をさらけ出し、店のために力を尽くそうと意見が一致した僕たちは、親友になった。


それ以来、僕は〝自分を捨てる〟と決めた。料理長と向き合うのを阻んでいたのが、自分の〝嫌い〟という感情。

しっかりとした芯を持っているのが〝大人〟で、自分の芯を貫くのが〝正義〟だと思っていた。しかしその正義を振りかざしても、信頼関係を得られることはなかった。自分の価値観や感覚を優先してもメリットがないと思い知らされた。

自分から折れるのは妥協だとも考えていた。だけど、今考えると、僕は折れたわけでもないし、妥協したわけでもない。二人の人間、ふたつの価値観が存在するとき、その間にも意見が存在する。ただそれだけのことだった。

料理長と仲良くなってからは、すべてが上手く回るようになった。外＝お客さんのことしか考えていなかった僕が、内＝スタッフに目を向けられるようになったから。僕と料理長は対等に話し合えるようになった。もっとこうしよう。こんなことをしたらお客さんが喜んでくれるんじゃないか。お互い信頼し合って、一緒に創意工夫していく作業は本当に楽しかった。

後で聞いたら、料理長は別に僕のことを嫌いでもなんでもなかったらしい。面倒だから関わらないようにしていただけだった、と。彼のほうも僕を嫌いだと思っていたのに、向こうのほうがはるかに大人だった。

彼は後に、独立後の僕の店の料理長になる。

NASTOYS PRESENTS
FANTASTIC GALAXY
TATTOO FLASH
NASTOYS

WEL

運命の丸太

原宿店の経営も安定し、忙しい日々を送るなかで、僕は「独立」を意識するようになっていた。22歳でこの世界に飛び込み、人や経験に揉まれるなかで、かつて抱いた「レストランのオーナーになる」という夢は、「30歳までに独立したい」へと明確化されていた。僕は29歳になっていた。

そんなある日、中目黒のイタリアンレストランで店長をしているヒデと会った。彼は僕が中目黒にいたころに入社した社員で、僕は同い年の彼に特別親近感を抱いていたところがあった。

僕は〝同い年〟の人が無条件で好き。学生のころ、遊ぶ仲間はほとんどが同い年だった。友達と好きなこと、面白いことを純粋に追い掛けていたあのときのように、同い年の人とは自然と仲良くなれるような気がする。

「自分スケボー上手そうやなあ。スケボーやってんの?」

「やってないです」

「なんや、やってそうな顔なのに」

ヒデと最初に出会った日は、確かそんな会話をした。しかも僕は、初日から下の名前の頭2文字を取って「ヒデ」と呼んだ。後日聞いたところによると「初めましてなのに、ずかずかくるやん」と、僕の第一印象は最悪だったらしい(笑)。それでも一緒に働くうちに打ち解け、僕が異動してからも店長会議で顔を合わせることが多かったので、仕事の相談をし合い、親しくしていた。

話を戻すと、僕はヒデに独立を持ち掛けるつもりだった。もしも一緒にやるなら、同い年で気心知れた彼と一緒にやりたい。彼は僕が苦手とする経理や細かい手続きなどの作業が得意なところも魅力的だった。

「独立を考えている」と切り出すと、彼ははじめ、「へえ、そうなんだ」とそれほど興味がないようだった。しかし直後、僕が「一緒にやろうぜ」と誘うと、「いいよ」

と即答したのだ。

いいんだ!?

あまりにあっさりのってくれたことに面食らったが、ヒデが一緒にやってくれることは心強かった。


ただ、僕ら二人は料理のプロではない。信頼できる料理人が欲しい。

僕は、例の料理長（僕らはフランコと呼んでいた。もちろんあだ名である）を口説いてみることにした。まだ付き合いも1年ほど。対立していた時期を経て、仲良くなったのは最近だ。確率はかなり低い。

「いいよ」

いいんだ!?

フランコも二つ返事で了承してくれたことに、僕は思わず笑ってしまった。

二人とも、そんなに軽々しく決断して本当に大丈夫か？　そんな心配もありつつ、彼らのノリの良さは僕の期待値を上げるのには十分だった。彼らとならやっていける。

僕は確信していた。

それからすぐに、僕たちは独立するための計画を練りはじめた。営業終了後、深夜に集まって会議を開く。

どこでやるのか？

どんな形態の店にするか？

いよいよ自分の店が持てる。夢が実現しようとしているとき、ひとつまたひとつと具体化していく瞬間はたまらなく胸が躍る。それは、子どものころに友達を驚かせようとイタズラを考えていたときの感覚と似ていた。週に何度も話し合った真夜中のその時間は、睡魔もまぶしくて近寄れないほどいつもキラキラと輝いていた。

「すぐにでも今の店を辞めて独立したい」とはやる僕を、堅実の塊のような二人は「ちゃんと準備しないとダメだよ。やることは山ほどあるから」と言って引き止めた。

まずはお金について話し合った。こういう場合、たいていトラブルになるのはお金の問題だ。友達の間にお金が入り込むと関係が壊れるというのはよく聞く話。みんなで出資し合うことも考えたが、余計なトラブルを回避するためにも「誰か一人が出したほうがいい」という結論に至り、当時、ある程度蓄えのあった僕がそこを担うことになった。

というのも、もとより僕がこの業界に入ったのは、「レストランのオーナーになる」という夢があったからだ。ありがたいことに、ヒデもフランコも肩書きには興味がなかったようで、僕が出資をし、社長を名乗ることには快く賛成してくれた。

そこから、ヒデは税理士を探し、融資について調べた。フランコは食材の業者をいくつもリストアップした。

だけど、肝心の店の方針が決まらなかった。

「新橋でさ、1000円で酔っ払える小さな居酒屋でもやろうか」

候補のひとつに挙がっていたその案に、このまま舵を取っていくしかないのかな。悶々と考えていた時期に、僕はネットで一軒のレストランを見つけた。スペインかどこかの海外の店だった。その画像に写った受付カウンターの巨大な丸太に、僕の心はつかまれた。


丸太だ！　これを店に置く！

そう決めた僕は、ひそかに丸太を探すことにした。知人にお願いすると、半年後、名古屋の材木市場で理想の丸太が見つかったと連絡が入った。樹齢300年。直径1メートル、全長4メートルはある御神木レベルのもみの木だった。

直接市場に買いに来るよう言われたものの、材木市場の競りに参加するには何かの資格だか免許だかが必要らしい。もちろん僕はそんなものを持っていない。どうしてもその丸太が欲しかった僕は、電話口で〝金持ちのボンボン〟のふりをした。

「僕、お金はあるけどさ、競りとか行けないから。もういくらでもいいからさ、売ってよ、その丸太」

今思ってもめちゃくちゃな依頼の仕方で笑える。それでも幸いなことに、先方は僕の言葉を信じ、代わりに競りをしてくれることになった。数日後、競り落としたという連絡が入ったときは、「ちょっと高くついちゃいましたけど……」という前置きに少し緊張が走ったけど、80万円という額を聞き、「買えんことない！」とほっとした。


「丸太買ったで」

「は？　何してんの!?　何勝手に開店資金使ってんの!?」

「もう買ったもん！」

僕とヒデの会話は、まるで子どもと大人の口げんかだ。ヒデもフランコも怒り、丸太を返品するよう詰めてきた。特にお金を管理していたヒデにとっては、僕が独断で

80万円も使ったことが信じられなかったようで。だけど僕は、どうしてもこの丸太を僕の店に置きたかった。結局最後は、一歩も譲らない僕を二人は仕方なく認めて、丸太を置ける店を探すことになった。

調べてみると、どうやらその丸太は3トンもあり、運ぶのに10トントラックが必要らしい。さらに、そのトラックが店舗の中まで入れないと据え付けることができないという。

「トラックが入る場所……」
「……倉庫とか？」
「倉庫でレストラン！　いけるかも。聞いたことない」

日本中の倉庫を探しはじめると、ここで新たな問題が浮上する。
貸し倉庫は全国を探せば山ほどあった。実際、３００軒以上目星を付け、そのうち50軒近く内見をした。しかし、どこも「倉庫は倉庫としてしか貸せない」というのだ。それは、「物を保管する以外に使ってほしくない。中を改装し、レストランとして使用するなどあり得ない」ということ。

「もう、倉庫ないかもね」

「いや、ある！」

「丸太を諦めて、東京で探したほうがいいんじゃない？」

「嫌だ！　丸太は置く！」


僕たちは、丸太を返品する、しない談義まで後戻りしていた。

言い出しっぺの僕が二人を困らせている。それを分かっていても、僕の中には、あの丸太を見つけた瞬間からずっと、〝丸太を受付カウンターにする〟以外の選択肢は一度も存在していない。


三人の足並みにズレが生じようとしていたとき、僕は地元、滋賀県で条件に合う一軒の倉庫を見つけた。もうここしかない。滋賀には縁もゆかりもない二人に説明するのは少し勇気が必要だった。

「物件見つけたんやけどな……滋賀県やねん」

「……分かった。それじゃ引っ越しだな」

僕たちの始まりの瞬間と一緒だった。二人は文句ひとつ言わず、むしろ物件が見つかったことを一緒に喜んでくれた。

そこからはもう真っすぐ前に進むだけ。

ここまでたどり着いたのも、二人がいてくれたからなのは間違いない。感謝は尽きない。だけど、それとは別に、丸太を諦めなかった僕もなかなかではないかな、とも思う。

店の名前は「THE HIDEAWAY FACTORY」に決めた。「HIDEAWAY」の意味は「隠れ家」。僕らの、そしてお客さんたちの笑顔が溢れる隠れ家になるように、と。

僕たち三人は店を辞め、自らの足で歩き出そうと滋賀へと向かった。

副社長のヒデ、料理長のフランコ、そして社長の僕。

みんなの想像を超えてやる――。そんな野望を抱いて。

修羅の道

８年前に僕が滋賀を飛び出した日と同じくらいじっとりと蒸し暑い夏の日、僕たちは滋賀県栗東市を訪れた。絶え間なく行きかう人々に揉まれ、誰もが何かに追われて心をすり減らしながら生きているような大都会と違い、そこには穏やかな空気が流れている。

琵琶湖の東側、国道１号線から１本入った道に、住宅や工場と並んでひっそりとたたずむ無骨でありきたりな倉庫。その前に立った僕は、８年の時を経て凱旋となるこの独立を控え、目を輝かせているはずだった。本来なら。

しかし、そんな明るい未来を脅かす障壁の存在に、僕ら三人は途方に暮れていた。

資金が足りない。

業者から出されたリノベーション工事の見積もり額は７０００万円。初めての自分の店は、東京で見てきたどの店よりもかっこよくしたい。誰も見たことのないスケールの店にしたい。僕の理想を打ち砕くのに、7000万円は十分すぎる金額だった。

僕の貯金と融資を含め、ある程度の資金を用意してきたつもりだったが、それは7000万円にははるかに遠い額だった。さらに僕は、田舎暮らしなら車が必要だと思い、その資金から700万円のアメ車を購入していた。丸太の件に続き、僕はヒデからこっぴどく叱られた。「田舎だし、建物は既にあるんだから、工事なんて1000万円くらいでできるでしょ」という見通しは、どんなスイーツよりも甘かった。


「ヤバくない……？」

「どうする……？」

「……おまえいくらある？」

「少しくらいはあるけど、7000万円の足しになんてならねえよ」

「直哉、車売ってよ」

「そうだ！　売ってよ。バイクも持ってるじゃん、直哉」

「嫌だ！」

「両方売れば1000万円ぐらいにはなるでしょ」

「絶対嫌！　売ったって足りないし！」

「じゃあどうすんの!?」

「もう……マジでこの中に金持ちの親おらんの!?」

残念ながら、三人とも平凡な家庭に生まれ育っていた。


7000万円をどうやって用意するか。1年や2年で貯められる額ではない。いくら考えてもその道筋は見えなかった。それに僕たちは既に仕事を辞め、東京の家を引き払って滋賀に引っ越してきていた。倉庫の契約もしてしまったので、店を開けない限り、賃料は延々と取られることになる。

「手作りしよ。ＤＩＹで」

僕が思いつく限り唯一の方法だった。


二人は渋々僕の提案を受け入れた。状況を考えるともうこれしかないのは彼らも分かっていたと思う。

とはいえ、「じゃあ作ろっか」で始められる図工レベルの創作物ではない。僕たちはリノベーションに関しては完全なる素人だ。僕は地元で内装や配電、配管などの仕事をしている何人かの友達に助けを求めた。幸いなことに、昔バカにしていた〝なんもない田舎〟で根を張って生きていた友人たちは、僕を見捨てないでいてくれた。彼らが僕らに改装のレクチャーを施してくれることになった。


「まずさ、何から始めたらいい？」

「壁立てるんじゃない？　このままじゃ夏はめちゃめちゃ暑いし、冬はめちゃめちゃ寒いから、断熱材も入れたほうがいいよ」

「そっか、壁ね。で、何を用意すればいいん？」

「○○○と○○○○を買って、○○○して、○○○を建てたらいいねん」

「え？　え？？　ちょっと分かんない……」


何語……？　彼らの口から出る言葉を何ひとつ理解できなかった。だけど、彼らにしても知識のない僕たちに専門用語をひとつひとつ説明する時間も余裕もない。僕らはとにかくメモを取り、ネットで必死に調べた。僕のiPhoneは「壁の建て方」ではうんともすんとも言わなかったけど、「オールアンカー　使用法」「インパクトドライバー　使い方」と検索すると欲していた〝答え〟に導いてくれた。一番助かったのは

YouTubeだ。最近のYouTubeはすごい。たいていのことはその道のプロが動画をアップしてくれていると知った。静止画では分かりにくい工具の使い方は、すべてYouTubeが教えてくれた。

少しずつ流れが見えてきた僕らは、ホームセンターに買い出しに行く。通常、店を一軒作る人がホームセンターで建材・工具すべてをそろえることはない。業者は建材屋さんや専門店を利用するから。だけど、僕らは車で10分ほどの「コーナンPRO」しか頼れない。

毎日、一日に2回も3回も来店し、「このネジ2000本ください」という買い方をする僕らは、店員さんたちに顔を覚えられた。そのうち、彼らも僕らに、建材や工具のいろはを教えてくれるようになっていった。コーナンには本当に感謝している。

たくさんの人の助けを借りながら、僕らは休みなく作業を続けた。自分の仕事を終えた後や、休みの日に手伝いに来てくれる友人たち。天井の作業をするのに高所作業車を出してくれた知り合いの社長。炊き出しでカレーを差し入れてくれた友人の奥さん。そして、僕のおとんも。

そんななか、例の丸太が届く。直径1メートル、長さは4メートル。思っていた以上の大きさに、丸太を運んできたトラックが倉庫に入ってくるのを、僕は子どものように目をキラキラさせて見つめていた。

だけど、いざ設置しようとすると、3トンの丸太をクレーンでは持ち上げられず、荷台から落とすしかないということが判明する。そして、落とした場所がそのまま受付になると。

「なんでもいいから早く落として！」

「ちょっと待って。ちゃんと準備しなきゃ」

ハイテンションの僕をよそに、ヒデはいつも通り慎重だった。設計図をもとに位置を確認し、衝撃を和らげる布袋を用意した。そして、丸太を落とした——。

1メートルほどの高さから落ちた丸太は、まるでバネがついているかのように跳ね上がって、壁に激突した。ドーンという大きな音とともに倉庫全体が揺れる。壁にぶつかった丸太は、転がってわずかに戻り、ちょうどいい場所に無事止まった。同時に、倉庫内には僕たちの歓声が響いた。少し斜めに止まった丸太は、後にトラックで押されて向きを整えられることになる。

自分たちの手で作るには、何か作業をするたびに知識が必要とされる。トラックで丸太を押すことひとつとっても、「前から押すよりバックで押したほうがいい」と、手伝いに来ていた人が教えてくれた。僕らはそれらの知識を吸収しながら、一歩ずつ着実に前に進んでいた。

気付けば店にはいつも人が集い、知らないおっちゃんもたくさんいた。みんながこの店の完成を楽しみにしてくれて、作業を面白がってくれた。特に〝丸太落とし〟のような大イベントがあるときは、まるでお祭りのようだった。

しかし、そんな派手な工程が続くわけではなく、ほとんどが地味で単調な作業ばかりだ。13メートル×38メートルのだだっ広い建物の壁一面に断熱材と壁紙を貼り、柱を塗装する。天井にエアコンや照明を取り付ける。配管や配線を調整する。キッチンを作る。入り口の扉を作る。看板や装飾を取り付ける。トイレを作る——。ひとつ終えてもゴールが見えないほど途方もない量の作業があった。昼夜ぶっ通しで取り組む僕らの睡眠時間は、毎日2、3時間だった。

2ヶ月ほどそんな日が続くと、ヒデは笑わなくなった。作業中もイヤホンをつけ、僕らと口をきかなくなった。

確かにこの時期の僕らは近すぎた。当時、僕は家がなく、ヒデの一人暮らしのアパートに居候していた。ただでさえ睡眠不足で肉体的にもきついのに、24時間一緒にいることで精神的疲労も溜まっていたんだろう。かと言って、作業を止めて休むことはできない。音楽を聴きながら目の前の作業に没頭することは、彼なりの逃げ方だったのかもしれない。軍資金が限られているなか、日本各地のショップを探してこだわってそろえた40台のソファーも、配送料を抑えるため、ヒデは自らトラックを運転し、北は青森、南は福岡まで引き取りに行ってくれた。それも多少の息抜きになっていたんだと思う。

12月中旬、夏から始まったリノベーションは終盤に差し掛かっていた。そもそも年内オープンを目指していたものが、工事を進めるに連れてスケジュールに無理があると分かった僕たちは「半年くらいかけて作ろうか」と話し合っていたのに、10月に僕がプレオープンのパーティーを年末に設定しまったことで、当初の予定通り、年内に完成させなければならなくなっていた。

床の板張りを終え、ソファーを並べるとそれっぽい感じになった。でも、感動している暇はない。入り口の扉の造作に入る。鉄格子を組み立て、溶接し、ガラスをはめ込む。枠に合わせてガラスをカットしているときには、ガラスが割れて心が折れそうになった。膨大な作業を抱えたなかでの時間との闘いはフラストレーションを生み、ときに僕らの効率を下げた。それでも、レジ、車など、かっこいいヴィンテージの装飾品が届くたび、なんとかやる気を奮い立たせた。

２０１７年12月28日、プレオープンの日。僕はギリギリまで、男子トイレの工事をしていた。

うちの店、実はトイレにはこだわりがある。

昔ニューヨークに行ったとき、レストランで男子トイレに入ったらあまりの汚さに驚いたことがあった。でも、もっと驚いたのは、同行していた知り合いの奥さんが女子トイレから戻ってくると、「トイレヤバくない？　めっちゃかっこいい！」と感動していたこと。わけが分からず、写真を撮ってきてもらうと、確かにおしゃれでピカピカでかっこいい。僕は店員さんになぜ男女のトイレにこんなにも差があるのか尋ねた。

「男子トイレにはお金をかけず、女子トイレにお金をかけることで、店自体がレディーファーストになるでしょ。だから、男性がうちの店に女性を連れてきた時点で、もうレディーファーストは完了してるってことになるのよ」

なるほど。トイレがおしゃれだと女性は喜ぶのか。男はそこまで気にしない。化粧を直すわけでもない。ただ用を足して手を洗って終わり。見たこともないおしゃれなトイレなら、女性は写真を撮るかもしれないが、男はトイレがいくらきれいでも「キャー♡」とはならないし、写真も撮らない。一般的に、飲食店の情報に敏感なのは男性よりも女性だ。それなら、女性客を喜ばせたら集客にも繋がるはずだ。

そういった経緯もあり、うちの店も女子トイレのデザインと施工には徹底的にこだわった。おかげで、〝適当〟でいいと思っていた男子トイレの工事が後回しになり、ギリギリまで作業していたのだった。

プレオープン15分前、最後に簡素な洗面台を設置した僕は、ざわつきはじめた店の外を気にしながら、急いで着替えてホールに向かった。

ここまでの約4ヶ月間の日々は修羅の道だった。たくさんの学びを得たのは確かだけど、今振り返っても二度とやりたくない（笑）。

それもこれも、僕が無知すぎたせいかもしれない。店も決まらないうちに丸太を買い、「なんか広いほうが良くない?」というノリで、体育館サイズの倉庫でレストランをすることに決めた。まさかリノベーションに7000万円もかかるなんて考えてもいなかった。予算も考えず、勝手に車も買った。DIYもここまで大変だとは予想していなかった。オープン日も安易に決断した。そもそも、普通の人が独立一発目に手を出す規模ではない。すべての判断が甘かった。

だけど、何も知らなかったからこそ始められたのではないかとも思う。もしも僕らがもっと慎重だったら、知識を持っていたら、たくさんのお客さんに来店していただいている今はない。そう考えると、無知で正しい判断もできなかった若かりしころの自分も、長い目で見ると間違っていなかったと思う。

がむしゃらに働いたあの日々は、とても大きな宝物として心に刻まれている。

プレオープンの悲劇

かくして、無事にプレオープンを果たした「THE HIDEAWAY FACTORY」。18時に始まったレセプションパーティーは、友人や知人の声かけもあり、大勢の人が駆けつけてくれた。予想に反し、店は満席になった。

それは本当にありがたいことだったんだけど、僕たちは大きなミスを犯していた。

僕ら以外のスタッフがいない……。

スタッフ募集を怠っていた僕たちは、3人で100人のお客さんを相手にしなければいけなかった。全然無事に始まっていない。

この日の料理は、前菜、サラダ、ピザ、肉など、決まったものだけを用意する予定ではあったけど、それらをすべて100人分、料理長が一人で作らなければならなかった。どんなにベテランのコックでも、一人きりで回せるはずがない。肉を出すまでに3時間はかかる。ホールを担当する僕と副社長は、すべてのテーブルを回って頭を下げるのが主な業務になっていた。
「大変申し訳ございません。見ての通り、シェフが一人ですべて対応しておりますので、お肉は3時間待ちでございます……」
すぐに出せる乾きものを出して待ってもらったテーブルもあったけど、待ちきれずに怒って帰るお客さんもいた。

さらにトラブルは続く。駐車場は店前に12台分しか用意がなく、客数に対して圧倒的に足りなかった。田舎は車が一人1台が当たり前の文化だ。友達4人で来店すると車が4台になることも往々にしてある。1台でも多くお客さんのために空けておきたいと思った僕は、自分の車を近くのコンビニに停めていたが（絶対ダメ。反省している）、それに気付いたコンビニの店長が、怒って店に乗り込んできた。新たに「コンビニの店長に謝る」という業務が加わった瞬間だった。僕が外で2時間その店長の説教を聞き続ける間、店内では副社長と料理長が二人きりで、料理と、お客さんと格闘していた。

僕らは呆れるほど準備不足だった。

翌日と翌々日は、同じ形態での夜の営業に加えて、ランチ営業も行った。初日と同じくらいの盛況が続いた。あまりの忙しさでパニックになり、この3日間のことはあまり覚えていない。

2018年1月4日、ついにグランドオープンを迎えた。通常営業が始まったら忙しさは落ち着くと思っていたが、ありがたいことに、グランドオープン後も連日満席だった。

プレオープンの客層は友達や知り合いがメインだったが、通常営業では当然、一般のお客さんがほとんどを占める。僕の知り合いなら謝って許してもらえる部分もあるだろうけど、そうでなければ、サービスが行き届かないと当然お客さんは二度と来ない。

それだけは避けたい僕らは、必死にバイトを探した。すると、前々からインスタで店のリノベーションの経過を公開していたこともあり、「なんか面白そうなことをしている」と嗅ぎつけた若い子たちが、わりと早くに集まってくれた。

駐車場ももっと必要だ。田舎だからいくらでもあるだろうと高を括っていたけど、近隣の駐車場は大型マンションが専有していて、空いていなかった。やむなく車で5分の距離にある駐車場を契約し、店への送迎サービスを開始した。僕はしばらくの間、駐車場係だった。

建築業者ならレストランを作ればそれで仕事は終わり。だけど僕らの場合は、レストランができてからが本業のスタート。「オープンした……」という安堵で一度力が抜けてから、「ちゃうちゃう！　こっからが本番や！」と気合を取り戻すのは簡単ではなかった。

絶え間なく忙しい日々は、1ヶ月が過ぎるとやっと落ち着きを見せはじめた。店の成功を願って全力で働き続けた僕たちは、5ヶ月ぶりにやっと一息つくことができた。

こうしてほんのわずかな心の休息を経て、僕たちはまた歩みはじめた。

2号店「THE HIDEAWAY WARDROBE」はこの翌年にオープンする。

恩貯金

2号店「THE HIDEAWAY WARDROBE」の立ち上げが決まったころ、一人の友達から投資の話を持ち掛けられた。

「ある程度の資金があるなら、寝かせておくのはもったいない。○○○という会社に預ければ、月に数％の金利が付く」

当時、2号店の準備金として、融資を含めた1500万円の資金が手元にあった僕は、準備までまだ数ヶ月の猶予があったこともあり、その友達に1500万円を預けた。まあ、よく考えればラクな儲け話なんてそうそうあるはずはないんだけど、同じ投資をしている友人知人はまわりに何人もいたし、話を持ってきたのも信頼していた友達なので、僕は軽い気持ちで彼に全額預けることにした。

しかし、その投資話はわずか3ヶ月ほどで詐欺だと発覚する。

その友達のことは問い詰めたけど、ある意味彼も被害者の一人であり、お金が戻ってくることはなかった。結局、2号店は借金をして出すことになったが、多額の借金を抱えた僕らは、できるだけ早く返済をするべく、デザイン、設計、施工、工事を請け負う「THE HIDEAWAY」を設立した。店を一軒作った僕らにはそのノウハウがあった。

そうはいうものの、はじめから順調だったわけではない。最初はまったく仕事もなく、知り合いの知り合いの紹介で、民家の雨樋や玄関の小上がりを修理したり、壁を塗ったり、小規模なものばかりだった。

そのうち飲食店のデザインなどわりと大口の仕事も頼まれるようになったが、利益はほとんど出ない。それは、僕にお金の知識がなかったからだ。

例えば500万円で受注したとき。ひたすらいいものを作りたい僕は、あれもこれもとどんどん資材を購入し、気付けば450万円ほど使っていることがざらにあった。50万円浮いたところで、人件費や交通費などの経費を差し引くと、完全に赤字だ。それなら原価を400万円で抑えればいいのかというと、法人税や消費税などを考えるとそれでも儲けはほとんどない。

お金の計算に興味もなく、できもしなかった僕は、よく副社長とけんかをした。

「利益100万円出たで！」

「いやいや、税金払ったら残らんわ」

お金の話をするたび、僕のテンションは下がっていった。自分の利益のために、お客さんに受注額の上乗せをお願いすることなんてできない。なんのために僕は働いているのか。ただ、お客さんを喜ばせたいだけなのに。

今でこそ、従業員が資材費や経費を事前にきちんと計算して事業は成り立っているけど、当時は僕一人。経理担当である副社長には「THE HIDEAWAY FACTORY」を任せていたので、こちらの経理までしっかりと確認してもらう余裕はなかった。まだ施工事例もほとんどないなか、原価や経費の管理ができない自分のせいで、利益が出ないことはたびたびあった。

それでも僕は、たとえ赤字になっても、いいものを作っていればいつか必ず報われると信じ、とにかくいい仕事をすることだけを考えて取り組んでいた。お客さんの前でも「赤字です！」と笑いながら、請け負った仕事に本気でぶつかり、くじけそうになったときこそ、お金のことを考えないようにした。

それが実を結んだのか、1年ほど経つと、規模が大きく利益もきちんと出る仕事がポンポンと来るようになり、借金も完済することができた。結局のところ、目先の利益を追求せず、人のために働いたことが結果に繋がったんだと思う。

僕は、人助けをした恩はいずれ戻ってくると思っている。

A社長のもとで働いていたころは、店舗の修繕を自ら申し出て請け負っていた。通常、業者に依頼するものを、社員の僕がやることでその分の費用が浮く。だが、僕はそこで対価を求めてはいけないと思い、1円ももらわなかった。例えば修繕に10万円かかるところを、僕がやって1万円でももらってしまったら、「店に9万円得させた」と感じるかもしれないが、店側は「素人に1万円払っているんだからチャラだろう」と思ってしまうのが実情だから。それなら、10万円分の恩をそのまま預けていたほうが断然にいい。僕はこれを〝恩貯金〟だと考えている（ちなみに、そもそもかっこいいヒーローはそこで1万円もらわないというポリシーもある）。

この〝恩貯金〟は、飲食店よりはるかに高額の商品を扱う内装会社で、より効果を発揮する。例えば、飲食店で会計が2000円のところを1800円に割り引いてあげると、お客さんは200円得することになる。これが内装会社の場合、2000万円の仕事を受注して、1800万円でやってあげたらお客さんは200万円の得。それぞれの割引率は同じだけど、単価が高いほうが圧倒的に相手の感謝の度合いが大きいことが分かると思う。おまけに〝恩貯金〟は、自分のお金を使わずとも貯められる。100万円の品物を買ってプレゼントするのも、相手が欲しいものを100万円値引いて売ることも、「100万円分得をした」という面で、理論上は同等の恩を相手に感じてもらうことができる。

デザイン・内装の事業が成長していった背景には、おそらく〝恩貯金〟の恩恵があったのだと思う。いい仕事を安価で受けるたびに、僕の〝恩貯金〟はどんどん貯まっていった。そして、それを引き出すかのように新たな依頼が舞い込み、目に見える形での報酬に繋がっていった。

「借金を返すために、とりあえずできるものを……」と思って始めた「THE HIDEAWAY」。改めて考えると、僕がやれること＝デザイン・内装と、より大きな恩貯金を得られる機会が絶妙に組み合わさった最適の選択だった。

かっこよさと生きにくさの象徴

僕を知っている人のなかには、僕といえば「タトゥー」という人が多いと思う。

僕はアメリカのクラシックカーやハーレーに乗るなら、ファッションもそれに合わせなければ、全体としてのかっこよさは生まれないと思っている。例えばクラシックカーと電子タバコのミスマッチ。クラシックカーに乗るなら、昔ながらの紙タバコをくわえていたいと僕は思う。僕が見てきた先輩たちはみんな、車もファッションもタトゥーもタバコも、そして心意気も、すべてがそろっているからかっこよかった。

僕はそんな先輩たちを見ながら、早くタトゥーを入れたいとずっと考えていた。

初めてタトゥーを入れたときのこと。どこにどんな絵を入れるのか、具体的に決められないままスタジオを訪れた僕に、彫師さんが「一生体に残るものだし、みんな好きなものを入れるよ」というアドバイスをくれた。「一生体に残るもの」という言葉の意味はもちろん理解していたけど、僕は何を入れるか考えれば考えるほど決められない気がした。結局、僕は「早く入れてほしい！」という勢いのまま、直感で左肩にキャデラックの絵を入れてもらった。施術の痛みは聞いていたほどではなく、その晩はぐっすり眠ったことを覚えている。

そのとき、彫師さんはこうも言った。

「タトゥーを入れると、ハンデを背負った人生になる。タトゥーがＮＧな職種もあるし、行けない場所もできる。一度入れたら後には引けない。その道で突き進むしかなくなる。だからこそ、覚悟を決めるために入れる人もいるくらいだから。きみは本当に大丈夫？」

後で知ることだが、基本的に若いお客さんには一度引き止めるのがセオリーらしい。親が子どもの将来を心配して、「これはダメだ」「あれはダメだ」と忠告する感覚と似ているだろうか。

僕は〝生きにくさ〟に男の美学を感じる。クラシックカーもバイクも、決して快適ではないし維持が大変というハンデがあるのに、無理して乗るからかっこいいと思う。それなら、ハンデを背負った人生というのも、理想の世界観にふさわしい。

それに、タトゥーが入っていると、一般的にはあまりいい第一印象を持たれないので、ギャップとして有効だと考えている。タトゥーがあると「社会人として成立していなそう」という印象があるかもしれないけど、そんな人が実際は有能なビジネスマンだと分かったら、第一印象からのギャップで自分の株が上がりやすいという側面もあると思う。

そうして、僕はタトゥーを増やしていった。

正直、首と手に入れるときは迷った。タトゥーを入れたことがある人なら分かると思うけど、Tシャツとかロン Tからはみ出る場所に入れるのは、だいぶ根性がいる。人目につけばつくほど、社会的なハンデは大きくなるから。独立してある程度の成功体験を経た僕は、32歳のとき、安定した現状から脱却したいと、首と手の甲のタトゥーに踏み切った。人生をハードモードに振り切った瞬間だった。

ちなみに、タトゥーを入れるほとんどの人が、絵柄のデザインに自分のスピリットを込めていて、デザインは自分で選んでいると思う。だけど、「普通と逆を行く」と決めている僕は、自分で柄を決めなくなった。美容室と一緒で、イメージだけを伝えてあとはお任せというオーダー方法。

その背景には、彫師さんに喜んでほしいという僕の希望がある。基本的に彫師さんは依頼された柄を描くことしかない。僕が彫師だったら、自分の好きなものを彫ってみたいって思うんだよね。だけど、自分の好きなものを彫らせてくれる人はあまりいない。たとえ「なんでもいい」と言われたとしても、後で文句を言われるリスクを考えたらできないと思う。だから、文句も言わず好きにさせてくれるお客さんがいたら、絶対にテンションが上がるはずで。「こいつぶっ飛んでるな」って思われたら最高だなと。

不思議なことに、タトゥーって一度入れると、隙間の肌色のところがコンプレックスに感じるようになる。髪の毛でいう〝プリン〟の状態みたいな感じ。ここまで入れると、恥ずかしいから早く肌色部分を埋めたいとよく思う。特に見えるところから優先して入れているから、実は胸のあたりはまだ繋がっていないし、背中も入っていない。背中って誰にも見せないでしょ。誰にも見られない部分は自己満足だと思うわけ。自己満足を否定はしない。ただ僕が自己満足にはあまり興味がないだけ。

それでもいつか背中に入れることがあれば、飼っている犬の絵柄でも入れてみようかな。かっこいいタトゥーが並ぶなかに、背中だけかわいいワンちゃんっていうのも面白そうだな、なんて最近は考えている。

シンプルにタトゥーはかっこいい。だけど、僕はみんなを喜ばせたいという意志も込めて入れている。なかにはあまり見せたがらない人もいるけど、僕はちゃんと見てほしい。僕の生きざまの象徴だから。

色あせない記憶

子どものころの僕は、ヤンチャなイタズラっ子だった。先生の話をじっと聞くだけの授業は興味が湧かなくて、いつもみんなを楽しませることばかり考えていた。

小学生のころは、わざと先生を怒らせて職員室に連れていかれた。学校のストーブにおもちゃか何かを忍ばせて、教室を煙だらけにした。辞書をくりぬいて、コップのように牛乳を注いでみた。自分が〝生贄〟になれば、教室に残された友達は、思いがけず手にした「自習」という名の自由時間を喜んでくれた。中学生になると、授業を抜け出してスケボーをしたり、琵琶湖に釣りに行ったりした。

勉強はつまらなかった。算数は得意なほうだったけど、公式をただ覚えるのは好きではなかった。なぜそうなるのか、なぜこの公式が必要なのか、疑問を常に抱えていた。国語の時間に作文を書くよう告げられても、行のはじめを1マス空ける理由が気になって集中できなかった。
ただ友達と笑って過ごす時間が、僕が望むすべてだったように思う。

だいぶ標高が高い田舎町に暮らしていた僕は、中学1年のとき、初めての〝山下り〟に挑んだ。山のふもとの市街地には、ショッピングモールやファストフード店、ゲームセンターなど、いわゆる子どもたちがたむろする施設がいくつかあった。僕の家からそこに行くには、高くそびえ立った崖の間をくねくねと走る山道を通る必要がある。山の上の住民にとって、その道路は街と山を繫げる重要な生命線。通勤や買い物に行く車がそれなりに通る道路だった。僕は3、4人の友達に声をかけ、ふもとのマクドナルドを目指してキックボードで下りることにした。

片側一車線、歩道もない、街灯もわずかしかないその道を、車を使わず子どもだけで通るのは危険だ。事前に親に「街に遊びに行ってくる」と伝えようものならば、絶対に止められる。でも、危険だと知っていてもやってみたいし、危険だからこそ魅力的に感じるのが中学生ぐらいの年ごろ。なかでも僕はその気持ちが特に強かったと思う。ほんのわずかな後ろめたさを抱え、風を浴びながら坂道を下るのは気持ちよかった。
ただし、キックボードにはブレーキがない。街に着くころには、スピードを調整するために地面を擦っていた靴底がボロボロに割れていた。それすらも楽しくて、僕たちはゲラゲラ笑っていた。

ビッグマックを食べながらダラダラとしゃべる。それだけのために危険な山道を下る。子どもの楽しみはそんなものでいいと思う。大人からは些細な出来事に見えても、子どもたちにとっては大きな冒険だ。

東京に来てみると、子どものうちから渋谷や原宿などに遊びに行ける環境に驚く。もちろん、そこに住んでいる子どもたちにとってはそれが当たり前の日常だけど、僕の過ごしてきた世界とは真逆だ。なんでもあってなんでもできる便利な都会に暮らす子どもたちは、どんなことを考え、どんなことを望んで生きているんだろうと、ときどき思う。
そう考えると、僕は田舎に生まれたことに感謝している。どちらがいいか悪いかということではないが、僕にとっては、何もないところから楽しみを生み出そうと試行錯誤していたあの時間は、必要なものだったのではないかと思う。ショッピングモールでかくれんぼをしたのも、琵琶湖で釣ったブラックバスをプールに放流して怒られたのも、高いビルの屋上に立って根性試しをしたのもみんな、あの不便な地に生まれ育ったからではないだろうか。ついでに、猪に追いかけられたときの逃げ方も学んだ。

淡々と流れていく日々のなかで、楽しみを見つけようともがく。今の僕も本質は変わらない。自分の利益を優先せず、社会の常識を捨ててどれだけ楽しめるか。どれだけみんなを喜ばせられるか。それだけを考えて、今を過ごしている。

友達とはしゃいだあのときの記憶は、今の僕の原点になっている。

失敗とともに歩む

何かを始めようとするとき、僕は失敗を考えることがない。失敗を不安視する暇もなく始めてしまっている、というほうが正しいかもしれない。

僕は子どものころから失敗だらけの人生を送ってきている。

高校時代、男20人ぐらいで琵琶湖に泳ぎに行ったとき。みんなの注目を集めたかった僕は、一人、ビーチボールにつかまって沖のほうへ泳いでいった。「あいつめっちゃ沖まで行ってるやん！」と笑ってほしくて、かなり沖のほうまで来たとき、ふとした瞬間にビーチボールが手から離れてしまった。僕よりもさらに沖のほうに流れていったビーチボール。それを取り戻そうと泳いだけど、なかなか追いつくことができない。振り返ると、陸地も仲間もはるか遠くに見えた。

一瞬パニックになりそうになったが、冷静になれと自分に言い聞かせ、陸に向かって泳ぎはじめる。だけど、だいぶ沖まで泳いできていたのと、焦ってビーチボールを取りに泳いだせいで、僕の体力はかなり消耗していた。これ以上泳げない。本気で死を感じた僕は、水際付近にいた友達に助けを求めることにした。

「助けてー！」

最後の力を振り絞って声を上げたけど、友達はみんな笑うだけだった。いつもふざけている僕の心からの叫びは、誰にも信用されていなかった。

それでも必死に叫び続ける僕が、本当に危ないかもしれないと気付いてくれた友達が一人だけいた。彼は浮き輪を手に僕のところまで泳いできてくれて、僕は命を救われた。今でも彼がいなかったら僕は死んでいたと思っている。

ドキドキする瞬間がたまらなく好きで、みんなから「それはヤバい」「やめよう」「絶対無理」と言われるのは、〝フリ〟だと感じていた僕には、似たような危険な経験が何度かある。

僕はいつも、まだ見ぬ失敗を恐れるよりも「やりたい」が勝つ。物事に対するリスクをどれだけ事前に指摘されようと、自分がやってみなければ、結果を自分のものにはできないと思うから。

A社長のもとで働いていたときは、その性格のせいでよく口論になった。

原宿のイタリアンを誕生日専門店にしたとき、シカゴから持ち帰ったサービスをもとに、お客さんの前で火を使う演出をすることになった。A社長ははじめから危険性やリスクを訴えていたが、とにかく早くあのサービスを披露したいと勇んでいた僕には、A社長の言葉が耳に入らなかった。

ある日、火の粉がお客さんの洋服に飛び、生地を焦がすというトラブルが発生した。大きな事故にならなかったことは幸いだったが、A社長にはひどく怒られた。A社長の忠告は正しかったと、このとき痛感した。

だけど、言われるがまま諦めていたら、その後のいいサービスは生まれなかったし、あの店の経営は改善しなかったと思う。どんな物事も、たくさんの失敗を経て改良されていくはずだから、僕は今でも最初の自分の決断を間違っていたとは思わないし、後悔もしない。失敗は反省すればいい。

この一件以来、安全管理には最新の注意を払っている。

詐欺にも何度も遭っている。

「THE HIDEAWAY WARDROBE」を出す準備金1500万円が、友達の紹介で始めた投資で全額消えたのは先ほど書いた。他に金額が大きいものだと、東京に出てきたばかりのころ、車を買おうと貯めた600万円を知り合いのディーラーに持ち逃げされた。

もちろんその瞬間は悔しいし怒りで震える。これは詐欺に限ったことではない。僕だって失敗して泣きたくなったり、死にたくなったり、落ち込む夜はある。

だけど、家で一人、暗い部屋に座って悲観していても何も生まれない。うだうだ悩んだところで解決策は出てこないと思うし、かと言って、友達と飲みに行って話を聞いてもらうこともしたくない。自分のネガティブな感情を吐くために友達の時間を奪うことは好きではない。純粋に人の悩みを聞きたい人なんて、そんなにいないと思うから。

だから、どんな失敗をしても、僕がするのはただ、すぐに気持ちを切り替えること。

「あー！　失敗した！　マジで失敗した！　よし次！」

こうやってまた立ち上がることが失敗を乗り越える最速の方法で、歩みを止めない最善策だと僕は信じている。


今、僕は、金額が大きい仕事ほど即答するように心がけている。

先日、沖縄にいる先輩から「クラシックカーを5台買わないか」と持ち掛けられた。コレクターの人が引っ越しのために手放さなければならないそうで、連絡とともに写真も送られてきた。

僕はすぐに回答した。

「買います！」

結果的に、引き取った5台の買い取り先も見つかり、これを機に車の販売事業も始めることができた（また副社長に怒られたけど）。


有能な経営者こそ決断が速いと思う。まわりが驚くような選択を、いかに速く決断できるか。それが自分の信用になり、相手からの感謝も大きくなる。有能な経営者の人たちはそのからくりを知っているからこそ、即決するのではないだろうか。

もしも騙されたとしても、その事業から撤退するだけ。〝人を信じて即決する〟を実践し続けること、別の方向に力を注げば、損失も必ず取り戻せるはずだと考えている。

1500万円の詐欺に遭ったことで、僕は工務店を立ち上げた。もしかすると、あの詐欺がなければ、僕は飲食店の経営しかしていなかったかもしれない。そう思うと、詐欺に遭って良かったとすら思う。

僕はこれからも、失敗を恐れず、自分の「やりたい」という気持ちを真正面に据える。そして人を信じることもやめない。そのふたつを続けるだけで、僕の〝隠れ家〟はきっと、とてつもなく大きく、深く、広がっていくはずだ。

ライフスタイル編

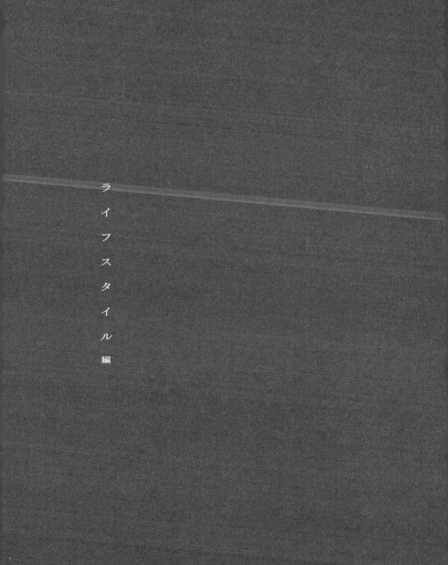

Life
Style

人はラクをしたい

人間には「ラクをしたい」という本能があると、僕は考えている。ラクをするために生まれて、ラクをするために死んでいく。実際、道路や鉄道、水道、通信などのインフラから始まり、車、家電製品、家具、食器、医療など、僕たちの生活に関わるすべてのものが開発・改良され続けているのも、根底に「ラクをしたいから」という本能があるからだと思う。

20代、原宿の店で店長をしていたころ、知人の紹介で出会った社長がいた。彼は多数のレジャー施設を経営していて、何億もの年商をたたき出す人物だった。その社長にこんな話を聞かされた。

「きみが経営者になりたければ〝人〟の勉強をしたほうがいい。人と商売をするんだから。〝人〟の答えは心理学にあるよ。それを勉強しないで経営者になろうとしても難しいだろうね。例えば、ネズミが入っている水槽に水を入れたら、ネズミは上を目指して上がって行くだろう。水から逃げようとするのは本能だ。どんな生き物だって死にたくない。本能とは頭で考えることじゃない。本能は人間にもある。それが心理学でひも解かれているんだ。人の本能を知っておくべきだよ」

まだ若い僕には理解できる内容ではなかった。その社長はそれ以上の説明はせず、「それが分かるようになったら、きみはおそらく何かで成功しているはずだよ」と微笑んだ。

今、僕がたどり着いた答えは、冒頭に記した通り「人の本能はラクをしたい」。では、人の本能が分かったところで、人はどんな人を大切にしたいと思うか。

それは「ラクをしない人」だ。

困ったらすぐに飛んで来てくれる。自分の話をちゃんと聞いてくれる。気持ちのいい言葉をくれる。みんな、そういう友達が好きでしょ？　つまり、「ラクをしない」とは、「自分の時間とお金を相手のために使える」ことと等しい。

引っ越しを手伝ってほしいと友達にお願いしたとき、「いいよ」とふたつ返事で助けてくれる友達と、「いいよ。礼は1万円でいいわ。引っ越し業者の相場考えたら安いもんやろ」なんて言いだす友達。どちらと仲良くしたいかは一目瞭然。むしろ、前者の友達には、引っ越しが終わったら焼肉でも奢ってあげようという気になる。後者はたった一言、謝礼の要求を口に出しただけで気持ちよくお礼ができないので、頼りたくなくなる。そしてきっと、彼は脂ののった特上カルビを食べられる機会と信用を失ったことには気付かない。

仕事も同じ。自分のために時間を使い、お金を使い、行動してくれる人を、絶対的に近くに置いておきたいと思うのは当然のこと。そんな取引先なら喜んで仕事をするし、そんな部下だったら上司はかわいがるに決まっている。

それに気付いた僕は「ラクをしない」と決めた。

売り上げが伸び悩んでいる原宿の店を盛り上げようと、休日も返上して働いた。従業員が働きやすい環境を作ろうと、週6で後輩たちをご飯に連れていき話を聞いた。自腹でアメリカに行って、サービスを学んで持ち帰り、店の売り上げ増加に貢献した。知人の店でレセプションパーティーがあると聞けば、どんなに忙しくても駆け付けた。

僕を拾ってくれたA社長に必要とされるために。そして、いつか独立するときの学びとするために。

僕が独立するとき、A社長は僕の将来の待遇についてちゃんと考えていてくれたことを明かしてくれた。それは、A社長が僕を手放したくなかったという意味だったと受け止めている。

「ラクをしない」は間違っていない。僕に迷いはなくなった。


では、もしも自分がお金や時間を相手に差し出しても、その人に大切にしてもらえなかったら？　自分が信じる相手を間違えた可能性もあるかもしれないけど、そうでなければ自分の行動を振り返ってみてほしい。

引っ越しの例で言うと、引っ越しを手伝って対価も要求しなかったのに、焼肉を奢ってもらえなかったら。それは、自分の手伝い方が悪かったから。相手が望む行動ができなかったから。感謝されるほどの行動ができなかったから。

10万円のマウンテンバイクを、まったく自転車に乗らない人にプレゼントしても喜ばれないように、価値観は人それぞれ。自分が良かれと思ってしたことが、相手にとって最適かどうかは分からない。だから、自分が本当に相手の立場に立って、その人にちゃんとラクをさせてあげようと思って行動できたか、振り返って反省したほうがいいと思う。


ところで、僕のもとには、若い子たちが僕の会社で働きたいとよくやってくる。彼らは、面接でどんなに意気込みを語ってくれても、最後にはこんなことを尋ねてくる。

「給料はいくらですか？」

「休みはどれくらいありますか？」

「勤務地はどこですか？」

「社会保障はありますか？」

勤務条件を聞くのは時代的に当然といえば当然かもしれない。でも、それらは〝自分が大事〟だとアピールしているように、僕には見えてしまう。

言われなくても、僕はきみたちが生活できる分の給料はちゃんと用意しているって。たとえ最初は少なくても、それは、はじめから高い給料を渡してしまうと成長できなくなるから。本人のためにならないという意味があって決めた額。勤務地や休みも含めて、真っ当な経営者なら従業員のことをきちんと考えていないはずはないんだって。

宿題をしようとしているときに、親から「宿題やったの？　早くやりなさい！」と言われてイライラするような。今手元のトレーに水をのせてテーブルに向かっているのに、お客さんから「水ください！」と言われて萎えるような。若い子たちと対峙するとき、僕はいつもそんな残念な気持ちになる。本当にそこで働きたかったら、その人のもとで成長したかったら、何ひとつ自分を出さないほうが未来の成功に繋がるのに、と。

若いうちは何も持っていない。能力も知識もお金もない。あるのは元気な体ひとつ。だから、自分がついていくと決めた人に全幅の信頼を置き、自分の時間とわずかなお金をしっかり使ってほしい。

自分の価値観や気持ちを優先して儲かるなら、僕だってそうしている。自分がラクをして儲かるならそうする。でも、成功しているのは、自分のことは横に置き、相手にラクをさせている人だという実例を、僕はたくさん見てきた。

僕も、それに気付いてラクをしないで生きてきたから今がある。それが何よりの根拠になっていると思う。

奴隷になると見えるもの

「自分を持っていてすごいですね」

僕はよくそう言われる。でも、それが自分を持たない結果だということは、誰も気付いていない。今、経営者という立場になったから「自分を持っている」ように見えているだけで、そこに〝我〟はない。

〝自分＝我〟と考える人はすごく多い気がする。特に、少し意欲的な若者は「自分でちゃんと考えなければいけない」「言われたことを自分で解釈して、変換しないといけない」と思いがちで、仕事に少しでも自分の色を付けようとする。でも、それは先輩の立場から見ると「いらないからやめて」だったりする。まだ能力も技術も未熟な新人に色付けは早いんじゃないのかな。そもそも、色なんて付けようと思って付けられるものではなく、勝手についてくるものだと思うし（色気も同じだね）。

「〝我〟を捨てて、奴隷になればいい」

僕は若い従業員にそう教える。だけど、彼らの多くが「奴隷なんて、俺の思っているかっこいい人とは違う」「やりたくない」なんてことを言う。

もし僕のようになりたくて僕の会社に来たのなら、「今、35歳の僕が経験してきたやり方や失敗を聞いて実践したら、28歳ぐらいでマスターできるのに」と思う。それも、言われてただやるだけではダメ。どうしてこれをやるのか、その結果、どんなことが起こるのか。そういうことをちゃんと考えながら、しかも〝我〟を出さずにやり続けなければいけない。

これは、僕が従業員を奴隷のようにこき使いたくて言うわけではない。「自分が〝奴隷〟になろうと意識すると、相手の思考が見えるようになる」という僕の持論を伝えているに過ぎない。

奴隷とは主人に意見できないもの。奴隷の立場で、泣きごとを言っても主人には相手にされない。自分が奴隷だと思って「主人の言うことを聞かないと死んでしまう」ぐらいの気持ちでいれば、人のちょっとした気持ちの変化とか、空気感とか、願望とか、いろいろなことが見えるようになる。つまり、物事を俯瞰できるようになる。

僕はいつも自分を客観的に見ているせいか、「どうしたら俯瞰できるようになりますか？」と聞かれることも多いけど、それは僕が「自分の気持ちを優先しない」＝「自分は奴隷」だと考えて働いてきた経験があるから。

前項の「ラクをしない」とも似ているけど、この人についていくと決めたら、何も言わずにその人を信じてやり切るのが成功への最短の道になると僕は思う。


だけど、先に書いた通り、それをできない若者は本当に多い。自分の好きなときに、自分の機嫌次第で仕事する、つまり自分の感情が中心にあるから俯瞰ができないのではないだろうか。

例えば、僕、もしくは尊敬する先輩と飲みに行ったとき。後輩のきみが僕や先輩に好きな映画を尋ねたとする。

尋ねたきみは、それを次に会うときまで観ることができる？

自分が興味ないから観ないとか、今は忙しいから後回しにするとかしていない？

観ないなら、そこには〝我〟が存在する。僕ならそんな後輩とはもう飲みたいとは思わない。自分の時間を割いてすぐに観てくれた後輩には、別のおすすめ映画を教えたいと思う。映画でたとえたけど、仕事のやり方や人生の処世術だって同じだよね。

20代のころ、僕は成功した先輩と飲みに行くときは、「絶対に何かを仕留めたろ！」「絶対に好かれて、もっと有意義なことを教えてもらおう！」と思っていた。そして、先輩から聞いたことはすぐに実践した。


尊敬する先輩と飲みに行くとき、ただお酒を飲んで楽しい時間を過ごそうと思わないでほしい。そこは勉強会だ。発言を一言一句聞き逃さないくらいの意気込みで参加してほしいと思う。さらに、教えてもらったことを〝我〟を捨てて実行する覚悟をしていなければ、その場はお互いにとってまったく無意味な時間になる気がする。特に、僕はお酒が好きじゃないから余計に、ただの飲み会は無意味だと思ってしまう。深酒して覚えていないと言われると「昨日はなんのための時間だった!?」ってガッカリするし、二日酔いになったらパフォーマンスも落ちるし。

それでも若いころは先輩に誘われて断ることはなかった。学びがある先輩ならいいけど、そうじゃない先輩もいた。そんなときは、本音では嫌だったけど、若い間だけの期限付きだと思って飲みに行った。僕は奴隷だと思って。

こんな例もある。

一人の青年が、「最高難度のドラクエを最短でクリアしたい」と思い、日本で一番速く全クリした僕のところに攻略法を教えてもらいに来たとする。

「僕は3年かかったけど、これをやったらきみは2年でクリアできるよ。まずは一年間毎日スライムを倒すんだ」

多くの歳月を要して最短でクリアする方法を編み出した僕が、優しくそう教えてあげても、彼はその「一年間毎日スライムを倒す」という地味な作業を続けられない。

多分、ほとんどの人が早く次のステージに行きたくて、ちょっと先回りして隣の町に行ってみたりする。

それに、友達や身近な先輩から「まだスライム倒してるの?」と言われて、意志がぶれることもある。

「どう考えてもスライムを倒し続けるのはおかしいと思って……。ネットにも書いてあったし、友達にもおかしいって言われて不安で……」

そんなとき、「きみはまだステージ1の状態なのに、ステージ10の場所から見ている僕の言葉を信用せずに、どうしてほかの人の言うことを聞くの?」と僕は思う。

それは、ステージ1の若い子がステージ10の先輩を理解できないせいかもしれない。

両者の間にはステージの差がありすぎるので、そもそも理解できるはずがないのに、若い子たちは「理解しないとやりたくない」と思って、自分より少し上のステージの身近な人に相談する。近いステージ同士なら理解し合えるので、「やっぱりステージ10の人のほうがおかしい」という結論に至る。「偏差値が20離れると会話が成り立たない」という説があるけど、それに近いのかもしれない。

「一年間毎日スライムを倒す」――これにはどんな意味があるのか。こんなつまらないことを先輩はどうやって続けられたのか。自分の知らないモチベーションの上げ方があるのか。そういうことを考えながら、ちゃんと「一年間毎日スライムを倒せた人」は確実に成功している。

僕のもとには、20代半ばにして会社を任せられるほど成長を遂げたスタッフがいるし、彼は今では億単位の金を回している。彼が成長した理由はもちろん、一年間毎日スライムを倒したからだ。

成功している人の言うことを聞いたら成功する。

スポーツだってそうでしょ？　我流でやるより、コーチをつけたほうが圧倒的に早く上達する。「コーチなんてつけなくてもできるし」と言い張る人はいる。確かにできるかもしれない。でも変な癖がつく可能性が高い。そしてそれを修正するのには時間がかかる。その時間がもったいないから人に聞けばいいのに、と僕は思う。

まあ、スポーツの場合は、癖があっても成功する人もいるし、癖を直したからといって勝てるものでもないけどね。その癖が強みになることもあるから、完全に悪いものだとは言えない。ただ、少なくともコーチは知識を持っているので、我流であがくよりも、コーチに聞いたほうが早く正解にたどり着けるっていうこと。

とてもシンプルで簡単なことなのに、みんなわざと難しいほうに進んでいくのが不思議で仕方ない。

「奴隷になればいい」

自分の意志を持たない。意見をしない。やれと言われたことを、なぜそれをやるのか意味を考えながら、素直にやる。それらを続けていけば、人の気持ちは否が応でも分かるようになる。そしてそれは、間違いなく成功への最短ルートになると思う。

いつまでも主人公の自分で

子どものころ、漫画の主人公に憧れたことってなかった？　『SLAM DUNK』『ONE PIECE』『NARUTO－ナルト－』『キングダム』――人気漫画の主人公はいつだって魅力的だ。もちろん人気漫画には、主人公以外にも魅力的なキャラクターはたくさんいるけど、主人公に魅力がなければここまで売れていないと思う。

僕は、少年漫画、少女漫画を問わず、話題になった漫画はほぼ全作読んできている。中高時代は、モテるためのテクニックを勉強しようと、漫画喫茶にこもって少女漫画を読みまくった。女子はみんな「壁ドン」を好きだと聞けば、そのシーンを読んで真似してみた。当時の彼女にやってみたら、壁に穴が開いてしまってだいぶ引かれたけど（笑）。だって、僕が見た漫画では、大きい文字で「ドーン」って書いてあったから。「けっこう力強くやるんだ」と思って本気でやったら、なんと穴が開いた。「あんなん違うぞ！」って学んだ。

そんなことはどうでもいいけど、僕は本気で漫画の主人公になりたくて、人気漫画の主人公たちの特徴をノートに書き出したことがある。いいところと、悪いところと、ギャップ。というのも、みんながここまで好きになったり憧れたりするんだったら、その主人公の人格やリーダー像を真似したら、勝手に人が寄ってくるんじゃないかと思って。

特に『ONE PIECE』のルフィはかなり研究した。ルフィって、よく見たら何もできないよね。料理も作れないし、船の操縦もできないし、船も直せない。結局、ルフィは何もしなくてもいいと分かった。その代わり、誰もが諦めてしまうような大きい夢を、ひたすら目をキラキラさせて追いかける。「海賊王に俺はなる！」って。それも「海賊になって金銀財宝にまみれて過ごしたい」っていうのはダメね。嫌でしょ、ルフィがお金のために頑張ってるとしたら（笑）。

あとは圧倒的に強い。普段何もしないから、ここぞというときにその強さを見せるのが、ギャップがあってグッとくる。そこでみんな泣きそうになる。

これは、ほかの漫画の主人公もよく似ている。まわりにバカにされるほど大きな夢や目標を真剣に追いかけて、熱くて、強い。たとえはじめは未熟な主人公がいたとしても、心は強く、奥底には熱いものを持っていて、成長していくにつれてちゃんと心に体の強さが追いついてくる。

ひも解いていったら本当に全部一緒。全員ギャップがある。全員ヤンチャ。全員まっすぐ。そして、全員つらい経験や嫌な思いをしている。

なかでもギャップはものすごく大事な要素のひとつだと思う。前のページでも書いたけど、僕がタトゥーを入れているのもそう。仕事ができなそうでできるとか、チャラそうで意外と一途とか、お酒飲みそうで飲まないとか、いろいろなギャップに繋がっていると思う。こんなふうに、僕は自分を分析して、効果が出るまでギャップを育ててアピールする。

ギャップは作れる。人が自分から受ける印象を客観的に見て書き出し、その逆をやればいい。ただし、人から見られる印象が「真面目そう」から入ると、ギャップを作っても効果は薄いかもしれない。「真面目そうなのに遊んでる」とか「真面目そうなのに実はチャラい」は、あまりプラスに働かないだろうし。もしも真面目に思われている人だったら、一旦不真面目に振ってからのほうが、ギャップを上手く活かせそうな気がする。

インスタやYouTubeで情報を発信していることで、僕は視聴者のみんなに自分が主人公の漫画を見てもらっている感覚がある。誰かに見られていると思うと、つらいことでもやれる感じ、分かる人いるかな。

日本では「努力は隠れてするもの」っていう美学がウケるのは分かるけど、漫画だとちゃんと努力している場面が描かれる。スポーツ漫画でレギュラーを目指して練習する姿とか、バトル漫画で強くなるために特訓する姿とか。普段はバカやってるキャラクターが実は誰よりも努力している姿って、名場面になることもあるくらいだから、好きな人は多いんじゃないかな。そう考えると、僕も本当はやりたくないつらいこともできる。みんなが見ていそうならと思って。

それに、すべてが順調に進むより、壁に当たったり挫折したりするほうが、よりドラマチックなストーリーになると思っている。だから僕は、自分が起こした会社がある程度の結果を出したら、そこは従業員に任せて新たな挑戦をしていきたい。安定している中にいるのが苦手だし、別に失敗してもかまわないと思っているから。むしろ自分から失敗を取りに行っているところもあるくらい。嫌な思いをしたっていい。むしろつらい経験や嫌な思いを乗り越えるから主人公の強さが本物になっていくんだと思う。

こんなことを言うと、「あざとい」とか「演じているの?」って思う人もいるかもしれない。でも、それで僕という〝漫画〟を見てくれるお客さんが喜んでくれるなら、僕の勝ちだと思う。

どうしてみんな、主人公になるのを諦めるのかな。小さいときはみんな主人公になりたいって言うのに、大人になるにつれてみんな諦めていく。幼いころに抱いた憧れは消えてないのかもしれないけど、社会に揉まれるなかで、理想と現実は違うと考えるようになってしまうのかな。

年齢や環境に合わせて、アメ車から降りていった先輩たちも多い。自分の意志でそうしたのならいいんだけど、仕方なくそうせざるを得なかったのなら、あのころかっこよかった先輩たちが変わってしまうことが、僕は少し寂しい。

まわりが変化しようと、自分のライフステージが変わっていこうと、僕は僕が好きなものを諦めたくない。将来結婚して子どもが生まれたら、幼稚園にはアメ車で送り迎えしたいし、授業参観にはスーツにハットをかぶって、ステッキを持っていきたい。で、「〇〇〇くんのお父さんかっこいいね」って言われたい。

主人公を諦める大人ばかりの社会だからこそ、僕はいくつになっても〝僕〟という主人公を演じ続けていく。

自分の敵は自分

〝奴隷〟になるにしても〝主人公〟になるにしても、それを阻もうとするものが必ず存在する。それはほかでもない〝自分自身〟だ。

この自分という敵は、相当強くてやっかいなもの。

最近、僕はジムに通い出したんだけど、実は過去にも何度か挑戦していて、今まで筋トレが続いたことがない。

みんなにも似たような経験があると思う。ダイエットをしたいのに、食事制限ができない。毎朝走ろうと決めたのに、前夜飲みすぎたせいで起きられない。英語を習得しようと思ったのに勉強が続かない。

きっとみんな、苦手なことをやろうとするときは、自分という敵と戦う瞬間が必ずある。めんどくさい、しんどい、気が乗らない、もうやめたい……自分の感情はいつも邪魔をする。

僕の場合は、すべての行動の根底には「人を喜ばせたい」という願望がある。そのうえで、僕が筋トレをしても誰も喜ばないだろうと思っていたから続かなかった。一般的に、筋肉をつけるのは自分がかっこよくなることが目的で、自己満足だと思っていた。

だけど、トレーナーさんと話しているうちに、筋トレも誰かのためになることがあると知った。ちゃんと筋肉がついたらトレーナーさんが喜んでくれる。健康的な体になったら家族が喜んでくれる。もしかしたらインスタを見てくれている人たちのなかにも、僕がマッチョな体型になるのを楽しみにしてくれる人がいるかもしれない。僕が筋トレをすることで人のためになることがある。そう考えられるようになったら、続けられるようになった。

こんなふうに、発想の転換で自分に勝てるチャンスはある。

自分の感情や意志を優先するのは「ラクをする」ということと同じだ。ラクをしても何もいいことがないのは前に言った通り。「ラクをしない」ことでどれだけ得があるか理解できたら、自分に勝つのもそんなに難しくないと思う。

人付き合いにおいても、自分が邪魔をする瞬間はたくさんある。

例えば、上司や部下、クライアントに嫌いな人や苦手な人がいた場合、一般的には付き合いを避けられない。そんな人と一緒に仕事をしなければいけない環境では、どうしてもイライラしたり落ち込んだりしてしまう人は多いと思う。

そんなとき、僕は相手の嫌な部分を許せる自分になるよう心がけている。なんなら、その嫌な部分が面白いっていうところまで持っていくことができれば、最速でストレスはなくなる。

他人を変えようとするほうがよっぽど難しくない？　たかだか数時間、数日その人と会っただけの自分が、何十年もそうやって生きてきた相手を分析して、嫌な部分を直そうとするなんて無理でしょ。一方で、自分は24時間365日何十年も、自分と一緒にいる。自分が一番理解しているのは自分なんだから、どう考えても自分を変えるほうが簡単なのに。だけどみんな、自分が変わりたくないから、相手に変わってほしいと求めるのかもしれない。

僕の会社でそんな悩みを抱えた従業員に、僕はいつもこんなアドバイスをする。

「〇〇〇の担当の人、いつも言い方がきつくて苦手なんですよね……」

「『別にきつく言われても良くない？』って思ったら？」

「難しいです……」

「じゃあ直接伝えたら？『もう少し言い方を考えてくれませんか？』って」

「それは言えません……」

「どっちかやれよ。諦めるな。直接言ってバチバチけんかするか、根性がなくてそれができないんだったら自分が変われ。人から逃げるな」


たとえ嫌いな人一人から逃げても、世の中に同じタイプは何百人もいる。同類の人とまた出会う可能性はあるんだから、僕なら、どんなタイプでも一度は攻略しようと努力する。二度目はもう付き合わなくてもいいから、一度は歩み寄ってみる。それをはなから諦める人に学びは生まれないし、自分好みの人だけと付き合っても世界は広がらないと思う。

僕は嫌いな人ほど接するのが楽しかった。「なんで嫌いなんやろ?」って何度も考えて、そのたび「やっぱ無理かも……」って諦めそうになった。いつも、邪魔するのは自分だった。イラッとする自分。

「嫌な部分を気にしたら負けだ」

「嫌な部分は個性だ」

自分に言い聞かせ続け、ぶつかることから逃げなかった。その思考が定着してきたら、嫌いな人はかなり少なくなった。

だけど、どう頑張っても新たに嫌いな人は出てくるんだよね。でもそれはそれで学びになった。たくさんの「嫌い」をちゃんと克服してきた経験があるからこそ、今はもう、僕を大切にしてくれない人、付き合うメリットがない人には頑張らなくてもいいかなと思っている。「無理! もういいでしょ」って(笑)。

固定観念に縛られていたり自分の価値観が強かったりする人は、人を嫌いになりやすい。少し考え方を変えてみるだけでだいぶ生きやすくなると思う。

「世界ってこんなに変わるんだ」

きっと、そんなふうに驚くと思う。

人の喜ばせ方

人に喜んでもらって嬉しくない人はあまりいないよね。何度も言っているけど、僕の行動原理は「人に喜んでもらいたい」だし、人が喜んでいる姿を見るのはめちゃくちゃ好き。

僕は「ああ、今しんどそうだな」って思われる自分が、人を喜ばせることを知っているから、よく自分で自分を追い込む。

例えば、一週間毎日終電まで残業して、金曜の夜、疲労も溜まっていて、今日こそは少しでも早く帰ろうかと思っていたときに、隣に何か困っている同僚がいる。普通に考えたら、早く帰って寝たい。でも、そういうときこそ5分でも10分でも手伝ってあげる。自分の睡眠時間を削ってまで人を助けたら、「あいつ毎日残業して疲れているはずなのに、俺のことを気にかけてくれて本当にいいやつ！」って感謝されると思う人は少なくないんじゃないのかな。同じことをしても、感謝してもらえるか分からない。しんどいときこそ効果があるのに、みんなそこで「俺が少し手伝ってもそんなに意味ないし、疲れているから帰って寝ちゃおう……」と、自分に負けてしまう人は少なくないんじゃないのかな。つらいときが一番おいしいのに。

逆に、余裕がある状態で同じことをしても、感謝されるか分からない。時間にもお金にも体力的にも余裕があるときに、5分や10分手伝ったくらいで、手放しですごく喜んでもらえるという世界線が、僕には見えない。まったく喜ばれないことはないんだろうけど、「余裕があるならもう少し手伝ってほしいんだけどな……」と思われる可能性もある気がする。

こう考えると、人の喜ばせ方ってそれほど難しくないと思う。自分の時間やお金、体力などを追い込んで、余裕がないときに人のために何かをしてあげる。余裕があるからできることももちろんあるけど、余裕がない人が自分のために何かをしてくれたときの感謝の度合いは本当に大きいと思う。

例えば、東京にいるときに、大阪にいる大切な人から「来てよ」と言われたらすぐに行くとか。すると、「東京から来たん!? マジでありがとう！」って感謝されるでしょ。僕なら逆に、遠方にいることがチャンスだと思う。近場からふらっと行ってもそんなに喜ばれないから。新幹線もない時間なら車で行く。昔は車で行ったほうが喜ぶかなと思って、わざわざ車で行ったこともあった。同じことをするのであれば一番喜ぶ方法を選びたいと思った。

それから、人に何かをしてあげる際には、自分が本当はつらいこととか、その行動をとるためにどれだけの時間やお金を使ったとかを、直接アピールしないほうが得だと思う。「実は2日間寝てなくて……」なんて言ったら恩着せがましいし、かっこよくない。「今日さ、実は東京から来たんだよ〜。わざわざ来たんだから何かごちそうしてよ」なんて言い出すのは論外。

言わずとも相手がこちらの状況を分かってくれる状態を、自ら用意できると最高かな。ナチュラルなあざとさというか（笑）。

僕は日々の行動をインスタにアップしているから、どこにいるか、何をしているか、どれだけ忙しいかとかは、相手に伝わりやすいかもしれない。地方に行って帰ってきた日の夜に周年パーティーに顔を出したら、インスタを見てくれた人にすごく感動されたことがあった。「疲れてるやろ。わざわざ来てくれてありがとう！」って。
いくら自分が疲れていても、躊躇するほど距離が離れていようとも、そういうときに駆けつけたら喜んでくれると分かれば、僕は行動できる。でも、僕が特別だからじゃない。きっと誰でも、「めんどくさい」「しんどい」「無理やろ」などという自分の感情を捨てられれば、できないことではないと思う。

さらに、相手を喜ばせようと思ったとき、仕事も恋愛も友情も原理は一緒だと僕は考えている。彼女や大切な友達にはサプライズをするけど、仕事のクライアントにはしないっていうのはもったいなくない？　だから僕は、クライアントにも彼女にするようなサプライズをしたいと常々思っている。

彼女の誕生日にサプライズをしたことがある人、考えたことがある人って少なくないよね。

「ごめん、プレゼント買ってないねん」（嘘）
「そっか……」（残念そうな彼女）

レストランで食事を終えて夜景の見えるホテルの部屋に入ると、ベッドの上にこっそり買っていたGUCCIのバッグが置いてある。

「誕生日おめでとう！」

「ホントに〜？？？　嬉しい!!」

だけど、仕事の場になると多くの人が、「現状はこうでこうで、いついつまでにこうで……」と、形式的でかしこまったやり取りをする。僕としては、これがめちゃくちゃ面白くない。この仕事のやり方を彼女に向けると次のようになる。

「本日は誕生日ですね。おめでとうございます。さっそくですが、流れをご説明させていただきます。18時に○○○で集合し、イタリアンレストラン『○○○』に移動します。また、『○○○ホテル』のツインルームを予約しており、お部屋にはGUCCIのバッグをご用意してあります。型番は○○○でございます。今回、あなたを喜ばせるための費用総額は○○○円です。では、お誕生日、どうぞお楽しみください」

全然面白くないでしょ!?（笑）　だけど、どうしてみんな仕事では必ずこんな流れにするのかと不思議で仕方ない。

会社とはこうあるべき、社会人とはこういうものと誰もが疑わない。形式的な仕事の進め方、それ自体を否定しているつもりはない。現実的には多くの場合でその手法がベターになり得るのは事実だから。だけど、相手や状況によって違う方法、よりよい方法はあるはずで、個々の相手にふさわしい方法を探るために、思考を停止させてはいけないと思う。

だから僕の会社は、嘘を上手く使ったり、突拍子もないことを仕掛けたりして、サプライズやギャップで人を喜ばせる会社にしたい、と常日頃から思っている。

ここまでいろいろ話したけど、若い子と年配の人を比較すると、年配の人を喜ばせるのはとても難しい。飲食店のケースで考えると、年配の人は外食経験も多いだろうし、おそらくおいしいものもたくさん食べてきている。だから、何を出しても自然とどこかの店の味と比較してしまう。初めての経験が少なくなるにつれて、驚きや感動が減っていく。そういうこともあるから、最近の僕は、その人自身を直接喜ばせられなくても、その人のお子さんを喜ばせるという仕掛け方を研究している。子どもが喜べば、必然的に親も喜んでくれるでしょ。

大人よりも子どもを喜ばせる方法は、圧倒的に多い。子どもは「初めて」も多いし、何より無邪気に喜んでくれる。ディズニーランドもそうでしょ？　子どもが喜ぶから、大人は連れてきて良かったなと思う。そして、子どもが大きくなったらその子ども（孫）へと繋げていけるから、子どもを喜ばせるという仕掛けは代々使える。上手いことやっているなと自分で思う。

子どもができると、親にとっても「初めて」が増えるんだろうな。コンビニに行くのも、子どもとなら「初めて」になるから楽しいとか。

それは、人間が子どもを作る理由のひとつなのかもしれないと、最近思う。子どもを産んで育てるのはお金も手間もかかる。でもみんな、どうして子どもを産むんだろうって考えると、「お金もない、時間もないけど、子どもがいて幸せ」って思えるメカニズムがあるんだろうなと。それが、子どもはたくさんの「初めて」があって、些細なことも喜んでくれるから、親も嬉しくなるというからくりかなと。意識的ではなくても、本能レベルでそういう仕組みがあるんだと思う。

おそらく、成功している多くの経営者は、たくさんの人を喜ばせることがビジネスに繋がることを知っている。

僕もまずは目の前の相手に喜んでほしいと思って仕事をしているし、その輪をどんどん広げていきたいと願っている。

「マジで」集めゲーム

僕はいつも「マジで」を意識している。お店で出す料理、サービス、内装デザイン、車、バイク、ファッション、そして僕自身。すべてにおいて評価をもらうとき、「マジで」がつかないと意味がないと思っている。

食事に行って、帰り際にスタッフに「おいしかったです。ごちそうさま」とか、おしゃれな人に「その服かっこいいね」とか、みんなも言ったことがあるんじゃないかと思う。洋服を買いに行って、ショップの店員さんから「似合ってますよ」と言われたこともあるかもしれない。

これって実は、本当に思っていなくても誰でも言える。お世辞、定型文、ゴマすりという言葉があるくらいだし。

僕は本当においしかったら、「マスター！　マジでおいしかったです！」ってなるし、本当にかっこよかったら、「その服マジでかっこいいんだけど!」って言う。

映画が本当に面白かったら「マジで面白かった!」。今夜のデートでプロポーズしようとしていたのに、夕方、上司から急ぎの仕事を頼まれてテンション下がっていたときに、同僚から「行けよ。俺やっとくよ」って言われたら「神! マジでありがとう!」。大事な待ち合わせに遅れそうなときに、裏道を駆使して間に合わせてくれたタクシーの運転手さんに「マジで助かりました!」。

人は、本当にその感情があれば、自然と頭に「マジで」がつくことが多いと思う。「本当に」「本気で」と言い換えてもいい。

褒められる側になるとき、ほとんどの人は「かっこいいね」とか「かわいいね」で満足しているかもしれないけど、こう考えると、僕はもう、普通の「かっこいいですね」「すごいですね」「おいしかったです」とかはわりとどうでもよくなる。むしろお世辞ならいらない。だけど、「マジでかっこいい」って1000人から言われたら、それは本当にかっこいいんだと思う。

この「マジで」をもらいにいくって、実際に意識してやってみると本当に難しい。

例えば、お茶を飲みたいとき。そもそも、こちらが頼んでいなくても買ってきてくれたら嬉しいんだけど、すぐ隣の自動販売機で買ってきてくれるよりも、台風の日に、近くの自動販売機やコンビニは売り切れで、遠くのコンビニまで行って買ってきてくれたらもっと嬉しくない？　僕なら「マジでありがとう！」って言いたくなる。あとは、お茶を飲みたいのは自分一人しかいないのに、冷温交ざって10種類のお茶に加えて、なんなら抹茶ラテも一緒に買ってきてくれて、「好きなの選んでいいよ」とか。「マジで気が利く！　マジでありがとう！」って思う人は少なくないと思う。

誰もが知る高級車とかあるじゃない？　それを買ったとして、「ああ、かっこいいね」程度で終わられると、「高いお金をかけてるのに、そんなリアクションしかもらえないんですか？？？　コスパ悪ぅ〜！！！」って、僕は思う。「車なんて自己満足なんだから、自分が乗りたければいいじゃん」って思う人はそれでもかまわないんだろうけど、僕は、お金をかけるなら、「マジですごい！」「マジかっこいい！」が絶対に欲しい。

だから、車を買うときは「マジでかっこいい！」「マジ派手だね」って言われそうな車を選ぶし、「マジで」をもらえるようなカスタムをする。もしくは、1台よりも

5台まとめて買って、豪快な買い方で「マジで」を取りにいく。
クラシックカーは好きだけど、本音では最新の車に乗りたいという気持ちがないわけでもない（笑）。乗り心地はいいし、エアコンは利くし、快適だし。でも、そういう車に乗っても「マジで」はあまりもらえなそうだし、誰かを喜ばせることも難しいと思うから、僕はやっぱりクラシックカーを選んでしまう。

「マジで」を集めたら絶対に結果が出ると思っている。高速道路を考えた人、携帯電話を作った人、日本一売れている漫画や本の作者。日本一お客さんが入った映画。マジで助かる。マジで便利。マジで面白い。マジで泣ける。それらの「マジで」が報酬に変わっていくんだと思う。

僕が国内で車を買っても反応が薄いかもしれないけど、アメリカに買いに行くってなったら、少し「マジで？」ってなる気がする。僕は英語をしゃべれないという条件が加わったら「マジで？」がもっと強くなるかもしれない。さらに、整備ができない僕が、買った車をお客さんが満足できるような整備を施して売り続けたら、「マジですごい！」に到達するかもしれない。そうなると、仕事としてちゃんと成立するんだと思う。

悲しいけど、せっかく頑張っても、当たり前にできることをやっても褒められないのが現実。みんなができないことをやるから「マジで」がもらえる。

漫画の主人公も「マジでやるぞ！」とか「本気でいくぞ！」とか、「マジで」「本気で」をよく使う。だから僕自身も使うようにしている。リーダーの熱量がまわりにも波及して、仕事にいい影響を及ぼすことがあると思うから。それに、使うことで常に「マジで」の存在を意識できるようになって、それをもらうための行動を考えることが定着するというメリットもあるかもしれない。

「マジで」をどれだけ集めたら成功者と言えるか。まだこのゲームのゴールが僕には分からない。きっと、1万、10万、100万と集めた人にしか見えないものがあるんだと思う。その景色を見てみたいから、僕は「マジで」を集め続ける。

コスパ上げゲーム

人を喜ばせることにおいて、「どれだけ時間とお金を使ったか」というのはひとつの目安になると思う。コンビニの200円のスイーツより、有名パティシエのお店にわざわざ行って買ってきてくれたひとつ1000円を超えるケーキをあげたほうが喜ばれる可能性が高いように（好みは人それぞれあるけどね）。

僕は駄菓子が好きで毎日持ち歩いている。それを人にあげて喜ばれることがあるんだけど、例えばこの駄菓子を、僕じゃなくて誰もが知ってる超有名イケメン俳優がくれたとしたらどう？　もっと嬉しくない？　僕は悲しいけどね（笑）。

でもそれが現実。

こう考えると、僕は自分のコスパがとても悪いと思う。僕があげたお菓子は「ありがとう」で終わりだけど、超有名イケメン俳優にもらったことは、きっと一生の思い出になるんだよ。世の中って理不尽。超有名イケメン俳優って本当にコスパがいい。

なぜコスパがいいのか。それは、超有名イケメン俳優が、俳優で、人気で、有名だから。どれだけイケメンでも、知名度がなかったり、そもそも芸能界にいなかったりしたら、みんなここまで喜んだりしない。


このコスパの度合いは、計算式で表せると考えている。

まず、平均的な人「1」が一般的な会社員「1」だとしたら、1×1＝1とする。

つまり、要素を数値化して、全部かけ算していくってことね。

それに対して、某有名イケメン俳優の場合。イケメン「3」、俳優「3」、超人気グループのメンバー「3」、主演ドラマや映画が立て続けに大ヒット「3」、CDセールスが記録的「3」、紅白歌合戦出演「3」、ベストジーニスト受賞「3」、友達もイケメン俳優だらけ「2」のように挙げていって、それを全部かけ合わせたら、3×3×3×3×3×3×3×2＝4374ポイント。

同じように僕で考えてみると、イケメン「2」(僕はナルシストではないので、客観的な点数)、経営者「2」、複数の会社がある「2」、誰も見たことのないアメ車やバイクを持ってる「2」、タトゥーが目立つ「2」としてみると、2×2×2×2×2＝32

ポイント。

この差！

僕は「1」の人生を送りたくない。「32」のままでも終わりたくない。某有名イケメン俳優の43774ポイントになんとしても近づきたい。

このポイントをどうやって上げていくかを考える。同じ飲食店100店舗を展開するのと、まったく異なるジャンルの会社を100社立ち上げるのと、どちらのインパクトが強いか。もちろんどちらも限られた人にしかできないことには変わりないけど、同じ店舗を増やすよりも、毎回違うものにチャレンジして成功させたほうが、感覚的にすごいと思う人は多いんじゃないかな。だから、異業種で100社立ち上げると、経営者ポイントが上がるかなとか、タトゥーを増やしたらわけのわからないボーナスポイントがもらえるかなとか。とにかくこのかけ算の合計値を上げるゲームに、楽しみながら取り組んでいる。ユーキャンでたくさん資格を取っていくような感覚に近いかもしれない。

そして、その数値が自分本位な採点にならないように心がけている。「マジで」集めゲームも関係していて、「マジでかっこいい」「この車、マジで初めて見た」「マジですごい」など、他人からの高い評価をどれくらいもらえたかというのはひとつの基準になる。それを踏まえて、勝手な自己評価ではなく、社会とそのなかの自分を俯瞰して採点しなければいけない。

インスタで自分を表に出すようにしたのもそのためだけど、今、16万人のフォロワーがいてくれるのは、本当に参考になる。投稿するたびに、毎回16万人の目にさらされることになるから。僕がかっこいいと思った写真をアップしても、リアクションが少なかったらこれはダサいんだって気付ける。たとえ10代、20代の男性に刺さっていたとしても、30代、40代の男性に好かれるにはどうしたらいいいか、考えるきっかけももらっている。

50代、60代以上の男性にどうやったら好かれるかは、インスタとはまた違うところで考える。まさに今、その世代の男性たちが書いている本を読んだり、実際にその世代の男性と会って、適していると思われる方法を尋ねたりして、世代の特性を調べている。

僕はやっぱり幅広い層の支持が欲しい。タトゥーがあるとテレビ出演は難しいからメディアの壁はあるけど、みんなが憧れる某有名イケメン俳優の数値には近づけたいし、一般人のなかではかけ算の最高値に到達したい。だって、僕は誰よりもこのかけ算を意識して生きているから。

合計値が上がっていくと、仕事の幅が広がり、今までできなかったこともできるようになる。今回、この本のお話をもらえたのも、映画に出演できたことも、最近始めた車の輸入販売事業も、そのおかげかもしれない。

こうして、自分のコスパを上げようとする努力が、僕を未知の世界へと連れていってくれる。

PEEK TO THE RACES
WHAT THE HEY!

ISN'T THIS JAZZY?
WHAT HEY
TO THE RACES
PEEK
DIPSY
WEIRDO
QUEEN OF THE CAMPUS
GIVE

ALL DAY
Marche
TENT SAUNA
LIVE
WEIRDO
SALES & SERVICE

WEIRDO
SALES & SERVICE
SOMEWHERE
WEIRDO SALES & SERVICE

固定観念からの脱却

昔から「真面目」があまり好きではない。

日本人のほとんどは、子どものころからずっと「世の中の常識や慣習を素直に受け入れて行動すると褒められる」という環境で生きてきているのではないかと思う。

学生時代は、静かに授業を聞き、教師の教えを守り、成績もいい、部活にも真剣に取り組む生徒が、たいてい「真面目で偉い」と教師から褒められていた。それを目の当たりにした多くの子どもたちは、そこまで意欲的でなくても「真面目と言われる行動をしておけば怒られることはない」と、肌で感じていたと思う。

そういった背景もあるなかで、冒頭で書いたことを説明すると、僕は単に「真面目」が嫌いなのではなく、「規範や常識からはみ出さずに、テンプレをやっておけば許される」という思考が嫌いなのだ。

教育の現場が前述のようであるならば、社会に出てもそういう風潮は変わらない。仕事の仕方や仕事相手とのコミュニケーションを、「テンプレをやっておけば問題ない」という感覚でいる人は少なくないんじゃないかな。

例えば、美容室で閉店時間を過ぎてもまだ髪を切ってもらっているとき。他の従業員が閉店作業をしないで後ろでずっと立たれていたら、僕は気まずい。それだったら、「すみません、締め作業をしてもいいですか？」と一言断りを入れて掃除をしてくれたほうが、こちらはよっぽど気を遣わずに済む。それでも、お客さんの気持ちを汲まずに「うちはお客さんが帰るまで締め作業をしません」というスタイルを貫くのなら、それはテンプレをやっているだけだし、そのお店が「悪い印象を持たれたくない」という自己保身をしているとさえ思う。

つまり、真面目といっても、2種類あると僕は考える。相手のことを考えた「真面目」なら、お客さんに締めてもいいか尋ねるし、自分たちのことを考えた「真面目」なら、お客さんがいるのに締め作業をすることはサービスとして失礼だし、どう思われるか分からないというリスクを恐れて、ひたすら後ろで待つ。前者のように、相手のことをちゃんと見て、考えて行動する「真面目」なら、僕は大歓迎だ。僕なら、美容室やわりと大衆的な飲食店なら、スタッフにフランクに接してもらったほうが嬉しいし、実際、堅苦しいサービスは苦手で、気さくに話しかけてくれるスタッフを好む人は多いと思っている。一見、不真面目にも見えるその行動は、ある意味、後者よりも真面目に仕事に取り組んでいるのかもしれない。

ただし、ホテルならきちんと立って待つのが正解だと思うから、どちらがいいかどうかは職種や状況によるというのを忘れてはならない。それらを理解したうえで判断できるかどうかが大切だと思っている。

さらに、仕事でも人間関係でも、毎回決まり切った流れ、いわゆる〝置きにいく〟やり方をしていても、面白い発見は生まれないし成長もないと思う。

既出の通り、僕に「〝人〟の答えは心理学にある」と教えてくれた社長がいた。

僕は知り合いから「めちゃくちゃすごい人がいるから、一回会ってみない？」と声を掛けてもらって会うことになったのだが、そのとき、僕はあえてラフな感じで接してみた。

「きみは物怖じしないんだね」
「全然しないです」
「珍しいね」

その社長との初対面の会話はこんな感じだったと思っている。
今、その社長までとは言わないまでも、自分が経営者という立場になったから分かるのは、媚びる人は気に入られないということ。相手がどれだけすごい人かを知っていてすり寄る人は、「自分が得したい」「嫌われたくない」という自己保身を優先させているにすぎないんだと思う。今の僕でも分かるのだから、その社長は0・2秒でその薄っぺらさに気付ける人だったはず。だから、僕がそういうふうに接しないことが、彼にとってはうれしかったのかもしれない。結局、その社長は僕を気に入ってくれて、人や仕事、お金の仕組みに関するさまざまな理論を教えてくれた。僕の生き方のヒントになった部分もあって、それはこの本の端々にも反映されている。そして、この出会いは、僕が心理学を勉強するきっかけになった。

目上の人と接するときに、いい顔を見せたくて媚びるというのは、よくあることかもしれない。もちろん、会社の上司なら敬ってきちんと接することは大切なことではある。だけどこれは、僕が相手のことを考えてあえてそうしなかったことで、逆に好意を受け取ったという、ひとつの大きな経験になった。

それに、彼の教えはどれも驚くべきことばかりで、僕が目指す場所にいる人＝「成功者」「類まれな才能の持ち主」は、固定観念の裏側にいるのだと知った。

表面的な情報と自分の価値観で、「こういう人はいい人」「こういう人はすごい人」と判断できるのであれば、「成功者」と普通に出会ってもおかしくないのに、今まで出会えていなかったのは、そういうことだからだろう。たとえ出会ったとしても、自分の理解力が伴っていなければ、「この人とは価値観が合わない」で終わり、そういう人たちの本当のすごさに気付けない。価値観を根底から疑わなければ、物事の本質は見えてこないし、人と人との関係も深まることはない。

世の中には、「真面目なふり」をして生きている人も少なくないのではないかと思う。固定観念というぬるま湯の中で、形式的なものをそのまま受け取ることはラクだから。誰にもたたかれないから。誰にも怒られないから。

僕は「真面目なふり」は「自分の頭で考えない」と同じで、ただの怠慢でしかないと考えている。

逆に「真面目なふり」に甘えない人は、思考をフルに働かせているのだと思う。まわりに「異質」や「不真面目」と思われる可能性を恐れず、相手を見て、物事を見て、その状況に合った最適な行動を取る。良くも悪くも、人の感情を大きく動かせるのは、そんな人かもしれない。

バカと天才は紙一重

「バカと天才は紙一重」という言葉がある。もちろん言葉自体はみんな知っているだろうけど、どんな解釈をしているんだろう。

　僕はその意味を長いこと考えてきて、次の解釈にたどり着いた。

「普通」の人の歩く道が、「バカ」方面に行くルートと「天才」方面に行くルートに枝分かれしているとする。

　このとき、おそらく多くの人が天才のほうのルートに向かう。もちろん、全員が天才になれるとは限らないから、一部の人たちは途中のトラップで立ち止まったり引き返したりするかもしれない。運よくいくつかのトラップを通過してしばらく歩くと、アクリルの分厚い壁が立ちはだかり、「この先、天才」という看板が掲げられている。そこまでたどり着いた人々はみな、「あと一歩で天才になれる！」と期待し、その壁を壊そうと奮闘する。しかし、どれだけ力が強かろうが、最強の武器を持っていようが、その壁は壊れない。

こんな状況で、天才の領域に行きたいならどうするか？
僕は、バカの領域の一番奥のほうに、天才の領域にワープできるルートがあると思っている。だから、みんながそろって天才のほうに向かうのを尻目に、僕は一人、バカのほうに向かって進む。

「そっちじゃないよ」
「バカじゃないの」
「あいつ頭悪いね」

僕の歩みを見た人は、こんなことを言い出すだろう。でも、僕はバカのほうに進めば、必ず天才に近づけると信じているからその声は気にならない。むしろ、天才への行き方はバカを通るルートしかないとすら思っている。バカを極めたときに、天才にワープする扉が開くようなイメージ。

もしも、天才の手前の壁を叩いているうちに、気が付くと僕が壁の向こう側にいたら……みんなは不思議そうに僕を見るんだろうなと思う。僕はそこにたどり着けると信じている。

「Apple」の創始者の一人、スティーブ・ジョブズは、独裁的な性格で、社内での人間関係のトラブルが多かったといわれている。経営悪化の責任を負わされて失脚もしている。しかし、誰と対立しようとも、自分の理想のコンピュータを追い続けたジョブズは、「Apple」に復帰し、創立から20年以上経って、CEOに就任。ジョブズのコンピュータに対する情熱と経営者としての手腕が、「Apple」を世界的な企業に成長させたひとつの要因なのは間違いないだろう。

また、エジソンは幼いころから好奇心が旺盛すぎることで、小学校での授業中は、教師に対しての質問が尽きなかったといわれている。授業が進まないと教師に煙たがられたエジソンは、小学生にして学校を退学させられる。それでもエジソンは独学で勉強と実験を続け、「蓄音機」「白熱電球」「映写機」など、歴史的な発明を数多く残した。

変人と言われる人たちが、まわりの声を気にせず他人と違うことを貫いて、結果を出せば天才になれる。歴史上の偉人たちがそれを証明している。ただし、結果が出なければただの変人だけどね。

必要なのはまずバカになること。それからどんな結果を出すか。結果は世の中が判断するものであって、自分が判断するものではない。誰もが納得する結果を出さなければ、天才にはなれない。

そのことに気付いた僕には、もう余計な声は聞こえてこない。ただバカに向かって進むだけだ。

お金は毒

お金が欲しい。ほとんどの人はそう思うと思う。むしろ、いらないっていう人を聞いたことがない。

確かにお金は大事。だけど、大事だと思ってはいけないとも思う。矛盾しているけど。

20、21歳と、僕は車が欲しくて2年間で600万円を貯めた。毎日貯金のことだけを考えて必死に働いていたこともあり、目標額に到達したときの達成感は大きかった。

僕は全額を握りしめ、ずっと憧れていたキャデラックエスカレードを買いに、地元の中古車販売店へと向かった。現金で一括購入。黒く光るボディは僕の努力の結晶の輝きそのものだった。

さっそく友達や先輩にお披露目した。「マジでかっこいい！」という言葉を期待していた。それなのに、僕のキャデラックは予想に反して賛美の声を集められなかった。そもそも働き詰めの僕には友達も少なかった。必死に手に入れた車は、いつの間にか輝きを失っていた。

かっこいい車を持ったら、毎日心が弾むような日々を送れると思っていたのに、天地ほどの差がある現実。あんなに頑張ったのに。

こんなもんか……。

その後すぐ、僕は車を売って東京に出ることになる。

このころの僕は、なぜつまらないのかがまだ分かっていない。だけど、〝人〟を学んだ今なら分かる。もらえる「マジで」が少なかったから。誰にも褒められない、誰にも感謝されない人生はこんなにも味気ない。

恥ずかしいほど自分のことしか考えていなかった。先輩にたかり、自分のお金は使わない。自分が良ければいい。お金を貯めることだけを考えていた僕は、きっとたくさんの人に迷惑をかけていたと思う。こうして振り返ると、当時の自分は本当にかっこ悪いし、ダサい生き方で手に入れた車が褒められるはずもない。

お金は大事だけど、人を惑わせる毒にもなる。お金のために、人は人を騙したりする。多くの人がその毒に侵され、お金に執着してしまっていないだろうか。

お金とどう向き合うかは難しいところだけど、今の僕は「次のステージに行ける通行券」のようにとらえている。「人生経験」と交換できるチケット。そう考えると、ゲームみたいで面白い。

将来が不安だからといって貯金しているだけじゃ経験は増えないし、それだと成長もないから次のステージには行けないと、僕は考えている。みんなRPGゲームでは武器や防具にバンバンお金を払うのに、どうして現実ではレベルアップのために使わないのかなと不思議だ。

僕は同じステージにとどまりたくないから、必要な経験のためならお金を惜しまず使いたい。

「お金は人のためにとことん使いなさい」

昔、先輩に言われて、僕はずっとそうしてきた。自分が若かったときに先輩にご飯に連れていったもらった分だけ、後輩に奢った。自分が先輩から受けた恩を後輩に返す。その恩の流れを受け継いでいきたかったから。特に、独立がまだ遠くにも見えていなかった時期は、貯金があると気持ち悪くて、給料は最低限の生活費を除いて全部、後輩にごちそうするか、仕事上の大切な交友関係の維持のために使った。

確かに、口座に何千万円も入っていたら安心する気持ちは分かるけど、「何かあったときのために……」と思って貯めたとして、本当に何かが起こったときにお金で解決しても、特別な経験にはならないんじゃないかな。僕は、「お金がないときにピンチを乗り越える力」のほうが重要だと思う。突き当たった壁を打破する方法は、お金以外にもきっと存在する。それを自分の頭で考えて乗り越えた経験は、絶対に新しいステージに連れていってくれると信じている。

それに、僕のまわりでは「金持ちになりたい」と言って、本当になっている人を見たことがない。いつも金、金言っているせこい人は、怪しい商売に手を出したり、友人知人からお金を借りたり何かを売りつけようとしたりして、まわりに敬遠されて、気付いたら消えている。

逆に、お金のことは気にせず、「人のことが好き」「人のために何かをすることが好き」と言っている人のところには、自然とお金が集まっていると思う。

お金に支配される人間になってはいけない。〝支配する側〟にならないと、と強く思う。

最後に言わせてもらうと、「給料上げて」って騒ぐ人はきっと上がらない。そういう人ほど、やるべきことをやっていないんじゃないかと僕は思う。お金の話を一切しないでひたすら働く従業員のことを、経営者はちゃんと見ているから。

リーダーとしてあるべき姿

人に大切にされたいなら「ラクをしない人」になったほうがいい、というのは先述した。それに加えて、僕は経営者として人についてきてもらうために、もうひとつ意識していることがある。それは、「なんもできない人」になること。

『ONE PIECE』のルフィは何もできないっていう話もしたけど、まさしくそれと同じ。ルフィは何もできないけど、一味には強いやつとか知識を持っているやつとか、料理、医療などさまざまな特技を持った仲間が集まっている。それは、ルフィが大きい夢に向かってバカみたいに進むところが魅力的だからというだけじゃなく、最強の敵が出てきたときに、一番前で死ぬ気で戦う男だから。仲間のために死ねるっていうところが大きいんだと思う。

人のために死ねるっていうのは究極だと思う。『タイタニック』も『アルマゲドン』

も、たくさんの人を感動させた。人のために死ねるのはかっこいいと思うし、どれだけあがいても人はみんないつか死ぬんだから、僕もどうせ死ぬんだったら人のために死にたいと思っている。

話を戻すと、ルフィの例から分かるのは、仲間のために尽くす心意気と責任感を持っていれば、普段は何もしなくても人に好かれて、自然と人が集まってくる環境を作ることは可能だということ。

かつての僕は、「人を喜ばせたい」「人にラクをさせたい」という信念から、自分ができるだけ多くの技術を習得しようと思っていた。子どものころでいうと、ヨーヨーのかっこいい技を練習したり、トレーディングカードゲームの知識をつけたり。大人になっても根本は変わらなくて、いろんなことを経験して身につけておけば、人が困ったときに助けられると思っていた。

でも、それを全部自分でやらなくてもいいって気付いた。その道の専門家の仲間を作ればいいんだって思うようになった。

だから、さまざまなジャンルの人たちと幅広く交流しながら、その人たちに自分の時間とお金を使い、「マジで」をたくさんもらえるよう頑張って仲間になってもらう。そうやって少しずつ仲間が増えていくと、車だったら僕が整備をできなくても、整備士の仲間がいれば、友達の車を直してもらうことができるし、保険会社の営業マンの仲間がいれば、友達が事故に遭ったときに紹介して助けることができる。

美容師、デザイナー、建築士、弁護士、会計士……異業種の仲間が増えると、その人たちの間でお互いに役立つものがどんどん増えていく。

要領良く効率的に仕事をするビジネスマンってこういうことかと思った。何年も勉強していくつも専門的な知識を身につけるよりも、専門家の友人知人を作るほうが効率がいい。単純にいろいろな業種の人と繋がれること自体も楽しいし。

「なんもできない人」は本当に何もできない人ではない。誰よりも人を知っていて、誰よりも愛を持っていて、誰よりもバカになれる人。

独立直後の僕は、従業員から「直哉さんってなんでもできるんでしょ」という目でよく見られた。若い従業員から分からないことを聞かれるときは、丁寧に教えた。おかげで頼られることが増えて、「社長ってすごいですよね」と完璧人間のような何か空想の生き物を見ているような扱いをされた。

しかし次第に、まったく関係ないことを聞かれて、それに答えられないと「社長としての立場がなくなる」という強迫観念にかられるようになった。誰もが尊敬する立派な社長と偽る自分にすごく疲れてしまった。

だから、なんでも知っていてなんでもやれる社長はすぐにやめて、〝一番仕事ができない人間〟になることにした。誰でもできるような雑務は、僕がやらなくてもいいんじゃないかと。その代わり、事業企画は一番先頭に立っている僕が責任を持ってやるからと。

それからはもう、若い従業員が何を聞いてきても「社長分かんない。違う人に聞いて」で通している。これは、僕が企画を考える時間を十分に確保できるという利点があるだけではなく、彼らにとっても自発的に考えて行動するようになるというメリットがあると思っている。

僕は、自分が経理や事務処理、雑務など、会社運営に必要だけどそこには体力を使わず、楽しいことだけを純粋に追求できる環境にいられたら、面白い事業を生み出せると信じている。ディズニーランドを企画する人が税金のことまで考えていたら、あんなにすごいテーマパークは生まれなかったと思わない？

子どものころは楽しいことだけを考えて、真剣に楽しめていたのに、大人になるとなかなかそうはいかない。いくら面白い企画が浮かんでも、「お金がかかるしやめようかな」という躊躇が邪魔をする。副社長も同じ認識でいるから、はじめから会社の経理を担当してくれているし、僕に会社の財務に関する話をしない。実際、僕はクレジットカードを一枚も持っていないし、自分の年収も知らない。必要なものは副社長に伝えて購入してもらうし、僕の口座の管理もしてくれている。

必然的に、クリエイティブにかける時間とお金の制限はなくなり、〝なんもできない〟僕は、誰にも想像できない事業をじっくりと幅広く考えることができる。

リーダーというものは、次に何を仕掛けるかを従業員に予想されたら負けだと、僕は自分を戒める。突拍子もないことを次々と仕掛けて、「この人についていくと面白い未来が見えそう」と思われる存在でありたい。

もしも僕の創造を予測できるようになったら、その従業員はきっと、もう僕から学ぶことはない。僕はそのプレッシャーも楽しみながら、誰にも予測できないことを創造し続けていかなければならない。「先を想像させない」のがリーダーとしてのあるべき姿だと思うから。

最近、会社を「文化祭」と呼ぼうと従業員に話している。会社も文化祭も、目標に向かってみんなで努力する点では一緒だと思わない？　それなら「文化祭」だと思ったほうが圧倒的に仕事が楽しくなると思う。形式的なこと、かしこまることをやめて、とことん楽しんだほうがみんなにとっても得だと思うから。

「もう自由にやって。楽しかったらいいやん。何かあったら俺がなんとかするから。会社潰したら迷惑かかるとか考えてたらなんも挑戦できん。会社なんて潰れたってええやん。お前のミスで会社潰れたら、それを一生笑ったるわ。会社潰すほどのミスしてみろよ」

そう従業員たちをあおりながら、毎日開催される「文化祭」を僕が一番楽しんでいるのかもしれない。

「なんもできない人」がリーダーになった会社はこんなにも自由だ。

年齢を重ねるにつれて守るものが増えていくと、失敗の可能性がある選択肢を避けがちだ。成功と失敗は横並びの選択肢ではない。成功は必ず失敗を経た先にあるはずなのに。

僕は、会社で一番のクソガキでい続ける。何もできなくても、誰よりも面白いものを生みだすリーダーとして。失敗の先にある成功を目指して。

かっこいい男のあり方

男としてのかっこよさはどこにあるのか。令和になり、コロナ禍で世の中の仕組みが大きく変わった今、僕はよく考える。

とある地方に行ったとき、僕のファンだという若い男の子にこんなことを言われた。

「俺、直哉さん好きなんすよ！　そのネックレスくださいよ！　だってお金持ってるでしょ？　くださいよ！」

冗談かと思ったけど、彼はそのノリをやめなかった。

「自分やめや、そういうの。冗談でも言わんほうがええで。嫌われるで」

僕は優しく諭してその場を去った。

「直哉さんみたいになりたい」と言ってくれる若い子たちは、僕の何を見て僕みたいになりたいんだろうかと考えることがある。かっこいい車に乗って、かっこいい仕事をして、いつも楽しそうで――そんなうわべだけを見ている気がしてならない。
「本当に尊敬しています！　〇〇に来たときは連絡ください！　お話聞かせてくださ い！」
そういう子たちはこういうセリフをナチュラルに言ってきたりする。そんなとき、「僕なら自分が尊敬している先輩と話したければ、自分がその先輩のもとを訪ねていったのにな」と、とても残念に思う。自ら行動してきた過去があるからこそ、どれだけ熱意があると訴えられても、自分のお金も時間も使わず、行動に移さない人に対して、疑いの目を向けたり虚しさを覚えたりする。

自分を俯瞰できたら、この言動で相手がどう思うのか考えられるはずなのに。とても残念。

かつては、礼儀を覚えるのがもっと単純だった気がする。学校にも職場にも縦社会が明確にあって、先輩や目上の人からは厳しい愛のムチが飛ぶ。言葉で、手で。そういう経験を経て、若者たちは大人の作法や男らしい生き方を学び、成長していった気がする。僕は昭和の終わり生まれだけど、いわゆる〝昭和的〟な熱い人間関係が、平成の終盤ごろまではあったと思っている。

しかし、そういった教育やしつけは、時代の変化とともに、体罰やハラスメントとみなされ、排除されていった。礼儀を知らない若い子たちが増えてきている背景には、そんな時代の流れもあるんじゃないかと思う。


「ただ正しいことを言ってるだけでは、大人ではない」

最近、従業員によく言う言葉だ。

「大人は、自分の発言で相手がどう思うかまで考える。おまえはただ正しいだけ。正しい情報だけを、『これはこうだよ』って言うのは子どもでもできる。大人はそれを言った相手がどう思うかまで考えて言葉を選ぶ」と。

正しいことを言うのが大人だと誤解している人は、むやみに正論を振りかざしがちだ。

例えば、後輩が先輩との飲み会に行きたくないとき、「別に飲み会の参加って自由でしょ」と言うことがある。

それは確かに正しいかもしれない。だけど、そう言われた先輩はどう思うだろう。今後、その子の面倒をみたいとは思わないだろう。素直についてきてくれる後輩のほうが圧倒的にかわいいし、何かあったら助けてあげたいと思うと考えないかな？

上司から怒られたときに反論するのも、僕は違うと思っている。いくら部下が反発しても、上司のほうが強い立場であるのは社内の事実。まだ何もなしとげていない部下の意見が通ることはそうそうない。それが会社。まずはそういう世界だと理解し、それでも上司が間違っていると思ったら、自分が結果を出し出世して上の立場に立ってから「あのときは違いましたよ」と言うのが筋だと思っている。怒られているその場で、結果も出していない状態で正論を振りかざすのは筋違いだと思う。

こんなふうに、決してかっこいいとはいえない子たちが増えているように感じる。要因のひとつに、スマホの普及がある気がする。

僕らの時代は、今よりもっと努力しないと情報をつかめない時代だった。バイクのこと、ファッションのこと、かっこいい男になるための方法を知りたいとき、雑誌や本を買って学ぶものだった。そして、かっこいい友達や先輩と仲良くなって、情報交換をしながら自分を磨いていくものだった。まさに、コミュニケーションや人付き合いをきちんとしないと、かっこよくなれなかった時代。

でも、今はもうスマホがある。欲しい情報は全部ネットに出ている。YouTubeに出ている。だから、知識だけのかっこよくない人間ができるんじゃないのかな。

先輩に怒られて、いろいろな人の気持ちを勉強して、散々苦労して、やっとかっこいい大人になれた。先輩がこれだけ面倒みてくれたから、僕も後輩の面倒をみようという気持ちになった。

だけど現代は、そういう経験を積んでいる人が多くないから、自分のことしか考えない人も増えてしまうんだと思う。だから、いい車に乗ってもいい服を着てもかっこよくない。内面からにじみ出るかっこよさが伝わってこない。

最近の若い男の子から魅力を感じないことが増えている。奢り奢られ論争もたまにあるけど、僕は「一人前の男だったら、女性や後輩に財布を出させるのはダサい」という意識で生きてきた。男が車を出すのは当たり前で、女性と一緒に食事の写真を撮ることもなかった。そういう時代だった。そういう時代が好きだった。

僕は、「昔は良かった」と懐かしむつもりはない。僕は僕が思うかっこいい男が現代でも間違っているとは思っていないから。

その正義感は必要か

どうして人はこんなにも他人の行動に口を挟むんだろう。ほっといたらいいのに、どうして人のことが気になるんだろう。コロナ禍で〝マスク警察〟がうじゃうじゃ発生したときも煩わしかった。SNSには正義感を振りかざしていちいち意見を述べてくる人がものすごく多いと感じる。

昔は普通に庭先でやっていた花火も、近所の人の目が気になるからできなくなり、花火ができるエリアのマップがあると聞く。子どもたちは道路に落書きもできない。木登りもできない。かつてできていたことが、どんどんできなくなっていく。

僕のインスタやYouTubeにも、僕の行動に対して一言言いたい人からのコメントがときどき届く。僕は気にならないから好きに言えばいいとは思うけど、そういう人たちって、人生が楽しいのか心配になる。

僕自身は、まったく関係のない他人のことは本当にどうでもいい。よくある有名人の不倫の謝罪も「誰に対して謝ってるの？」って思うし、それに対して「許せない」「気持ち悪い」「もうテレビで見たくない」とかSNSで騒ぎ立てるのも、「自分に関係ないのに、ようそんなに熱くなれるな」と思ってしまう。

他人をたたく人たちは、こちらがどんないいことをしても褒めないと思っている。叩くばかりで、決して褒めない。ただし、とてつもなく大きな結果を出したときに限って、一気に手のひらを返すことはある。

法律さえ侵さなければ何をしてもいいはずなのに、さらにそこにモラルと常識が入ってくると何もできなくなる。ダメなことをしたら法律で裁いてもらえばいいのに、モラルや常識を盾にして、裁判官でも警察官でもなんでもない人が嚙みついてくる。

そもそも常識ってなんなんだろう？　誰が決めたこと？　意外とそれぞれの中で違う認識だったりもする。

これだけ人の目が光っている時代。その視線と口出しをスルーできずに、埋もれていく若い子たちもたくさん見てきた。

「やりたいけど、誰かに何か言われるのは嫌だ」

みんな、この「けど」から抜けられない。知らない他人からの批判なんて知ったこっちゃないし、相手にする必要性は1ミリもないのに。


僕はアンチは大歓迎だ。有名人には必ずと言っていいほどアンチがいるから、アンチができたら一人前だと思う。しかも僕は、アンチに会ったら僕のことを好きにさせる自信もある。「おまえのこと嫌い」って言われたら、逆に会ってみたいとすら思う。アンチだって、結局はその人のことが気になるから見てしまうもの。「嫌い」は「好き」の裏返し。無関心ではなく、しっかり興味があるってことだから。

もっとディスってくれてもかまわない。もっといじってほしい。悪口でもなんでもいいから、もっと盛り上げてほしい。


いつからこんな生きにくい日本になったのかな。みんなでお互いの首を絞め合う世の中に。

多様化が前面に押し出された今の世の中。生き方の選択肢は増えたはずなのに、大勢の人が他人の目を気にして、どこか窮屈に生きている気がする。お金にも時間にも余裕がなくて、心もゆとりを失っているのかもしれない。

戦時中、零戦で敵国の軍艦に突っ込んでいった人たちがいた。自分の人生を何も選べずに、国から命じられてその命を燃やした。戦争を美談にするつもりはない。ただ、僕がもし特攻隊で、日本の勝利を願って、日本の未来を思って死んだとしたら……。生まれ変わって現代に来て、このありさまを見たら腹が立って仕方ないと思う。「俺、こんなやつらのために死んだん？」って。

僕にも人目を気にしていた時期はある。だけど、人というものを学び、僕はそこから抜け出した。むしろ、そのころの経験や失敗は学びとして昇華し、今の僕を形作るピースにもなっている。

他人を監視するよりも、人が喜ぶことを追求する人生のほうがどれだけ幸せか。監視に怯えて我慢するよりも、自分の挑戦を続ける人生のほうがどれだけ楽しいか。分かっていてもできないと訴える人は多いかもしれないけど、僕の生きざまから少しでも感じ取るものがあると嬉しいと思う。

感動は想像を超えた先にある

「想像を超えたものは派生する」

人は自分の予想を超えた体験をすると、その感動を誰かに伝え、共有したくなる性質があると思う。大どんでん返しのエンディングを迎えた映画やドラマを見たら、友達に勧めたくなる。見たこともないくらい広大なひまわり畑に行ったら、ＳＮＳに写真をアップしたくなる。そのひとつの感動は人から人へと広がり、やがて大きな渦となっていく。

まだA社長の会社に勤めていたとき、心理学を独自に学んでいた僕は、ある本でこの理論を知った。以来、僕は「想像を超える」を人生のコンセプトにしている。人格構成、ビジネス展開、人の喜ばせ方などすべてにおいて、常に人の想像を超えることを意識している。

では、どうやって想像を超えるか。試行錯誤するなかで僕は、「普通の〝倍〟する」という方法に行き当たった。それをもとに独立1店舗目「ＴＨＥ ＨＩＤＥＡＷＡＹ ＦＡＣＴＯＲＹ」は、とにかく広い店にした。通常、飲食店は70坪か80坪くらいで大型店舗といわれるなか、この店はその倍の１５０坪。続く2店舗目「ＴＨＥ ＨＩＤＥＡＷＡＹ ＷＡＲＤＲＯＢＥ」は、滋賀県のどこよりもおしゃれな店にしようと、1店舗目よりクオリティを上げて作った。しかし、1店舗目では手応えを感じたものの、2店舗目は残念ながら僕が思うような反響を得られなかった。

この2店の立ち上げを経験して分かったのは、〝倍〟することは数値化できるものでないと伝わりにくいということ。どれぐらいかっこいいかは数字で表すことができないので、お客さんの想像を上回ることは難しい。一方で、店の広さや天井の高さなど数字で表せる部分は〝倍〟大きいと目に見えて分かるので、想像以上という感覚になりやすいのかもしれない。ありがたいことに、どちらのお店も料理や店内の雰囲気を褒めてもらえることは多いが、1店舗目のほうがより成功しているのは、この広さという理由が大きいんだと思う。

もうひとつ、想像を超えるにはギャップを使うという方法もあると分かった。見た目は汚いけどおいしい店がいい例だと思う。僕なら、ホテルのレストランで3万円のディナーを食べても「めちゃくちゃおいしかった」と友達にわざわざ報告しないが、店構えが汚くて期待をしていなかったのに料理がおいしかったら「あそこの汚いお店、めちゃくちゃおいしかった!」って言うと思う。もちろんホテルが悪いわけではない。むしろめちゃくちゃきれいな店内でいいサービスを提供してもらえるが、それをはじめから知ったうえで訪れているので、想像を超える可能性が少ないのではないかというだけ。いいホテルのサービスは本当に素晴らしいし、飲食店を経営している僕にとってはも目指すところでもあるので、否定しているわけではないことは注釈として加えておく。

さらに、国というカテゴリーを意識するという手もある。車も家具も、日本国内で買い付けるより、海外から輸入するほうが感覚的にすごいと思う人は多いんじゃないかな。

いずれにせよ、想像を超えたければ、想像させる段階をどう作るかが大事だと考えている。真面目に一生懸命やるのは当たり前。それをどう見せたらお客さんは喜んでくれるのか。味やサービスが良くても閉店してしまう飲食店があるんだから、見せ方に着目するだけで、経営状況はがらっと変わるんじゃないかと思っている。

生き方としては『ドラえもん』のジャイアンが、いい想像の超え方をしていると思う。普段は好き勝手に生きて、まわりを振り回すだけ振り回しているのに、大事な場面では男気を全開にして、のび太やドラえもんよりもいいところをかっさらっていったりする。

ただし、真面目に生きるのがラクな日本で、ジャイアンでい続けるメンタルはけっこう大変なものだと思う。だけど僕は、まわりからいろいろ言われたり、少し嫌われていたりしている環境のほうがいい。ここぞというときにした行いが、映画のジャイアンばりに褒められることを知っているから。みんなが聞きたくもないコンサートをして、慕われていると勘違いしているのを踏まえても、ジャイアンは幸せそうだ。彼の生きざまが計算してできたら、人生はとても楽しそう。

TikTokをきっかけにバズったことは、僕の人生でもっとも想像を超えた出来事になった。自分をどう見せたいか、僕が俯瞰してとらえていた情報がきれいにはまったら、世の中にはこんなふうに広がっていくんだと身をもって知った。どこを歩いても声をかけられるなんて、Yahoo!ニュースになるなんて、本を出すなんて、思ってもみなかった。今まで、想像を超えたいと願っていた自分の行動が実を結んだと感じられた瞬間だった。

ちなみに、副社長からは「あまり調子に乗るなよ。気を付けろよ」と心配された。だけど、僕からしたら人生ずっと調子から降りたことがない。調子に乗るという定義がよく分からないけど、人に迷惑をかけたり、人を傷つけたりしなければ、乗り続けていてもいいんじゃないかと思う。ジャイアンと一緒で、調子に乗るとたたかれるからラクではないけど、人生を楽しんでいる人は全員調子に乗っている気がする。だから僕は、これからも調子に乗り続ける。まあ、こんな話をすると副社長からは邪魔くさがられるけどね(笑)。彼は心配してくれているだけだから。

昔から、自分が予想外の行動をすると驚いたり笑ったりしてくれる友達の顔を見るのが喜びだった。その原点は、友達は一人でも多くほしかった、目立ちたかった、愛されたかったという、幼いころの純粋な欲求だったのかな、とふと思ったりする。

僕自身が想像を超えることで、人が集まってきてくれる。そう信じて、僕はこれからも想像を超え続けていくつもりだ。

おわりに

いかがでしたか?

今この本を読んだ瞬間は、
「なんかできそう」とか「ワクワクする」とか
ポジティブな感情になってくれたかな?と思います。
でもその感情は必ず薄れていきます。
早い人は明日にも元通りです。
最後に身も蓋もないことを言ってごめんなさい。

だから、次はその気持ちを忘れないように行動し続けてください!
欲しいものがあれば、買うまで本気で気持ちを維持してください!

子どものころにはみんなできた当たり前のことが、
なぜか大人になるとできなくなることってあります。

理由や言い訳をつけて諦めてしまうことがあります。
これって大人はいろいろ経験してたくさん怪我したからこそ賢くなって、
次は失敗を恐れて一歩踏み出すのが怖くなっちゃうんじゃないでしょうか。
なので、僕は子どもでいます。
「やりたいことがある」「欲しいものがある」「会いたい人がいる」
何かを手にしたいなら、失敗する想像なんてしない。
これらに関しては子どもの心が最強です！

気持ちが弱くなったら、僕のインスタとか見てください！
こんな子どもみたいな考え方でも、
大人だらけの社会でやっていけてるってことを証明し続けます！

最後になりますが、皆さん幸せになってください！
そして幸せになったら報告してください！

それが僕にとっての幸せでして。

森下直哉

森下直哉

1987年生まれ、滋賀県出身。株式会社THE HIDEAWAY代表。関西最大級の倉庫レストラン「THE HIDEAWAY FACTORY」を経営。DIYで作ったハイセンスな空間が人気を博し、2018年のオープン以降毎月安定して1000万円近い売り上げを誇る。ほかにも、デザイナー、家具の輸入販売、アパレルなど、趣味を生かした多彩なビジネスを展開。2023年、ストリートスナップ動画がSNSで累計5000万回以上再生され大反響を呼ぶ。端正なルックスと飾らない人柄にファンが急増。今最も注目を集めるインフルエンサーの一人。

Instagram：@thehideaway_boss
YouTube：シガナイチャンネル / イケオジたちのシガナイ日常

僕《ぼく》の魅力《みりょく》の醸《かも》し方《かた》
仕事《しごと》はしっかり、好《す》きなことも全力《ぜんりょく》で

2023年11月22日　初版発行

著　者／森下《もりした》 直哉《なおや》
発行者／山下 直久
発行／株式会社KADOKAWA
〒102-8177
東京都千代田区富士見2-13-3
電話 0570-002-301（ナビダイヤル）
印刷所／図書印刷株式会社
製本所／図書印刷株式会社

●お問い合わせ
https://www.kadokawa.co.jp/（「お問い合わせ」へお進みください）
※内容によっては、お答えできない場合があります。
※サポートは日本国内のみとさせていただきます。
※Japanese text only

定価はカバーに表示してあります。

ISBN 978-4-04-606594-0　C0095